Who Am I

나는 누구인가
쉽게 읽는 한글판 자랑스런
나의 뿌리

안동 김씨(신) 이야기
安東金氏(新)

화보(畵報)로 보는 선조(先祖)의 발자취

시조(始祖) 김선평(金宣平) 단소(壇所)
소재 : 경북 안동시 서후면 태장리

안동김씨 시조께서는 원래 신라의 고창군(지금의 안동)의 성주(城主)로 계셨다. 신라의 마지막 임금인 경순왕(敬順王) 4년(930년;고려태조 13년) 고려 태조가 고창군 병산에서 후백제왕 견훤(甄萱)과 격전을 벌렸을 때 이를 도와 견훤왕을 패주케 하고 그의 부하장졸 8천여를 함몰시켰다. 그래서 "안동"은 김씨의 관향으로 정해졌고 조묘는 태장에 계시다. 그리고 고창군은 안동부로 승격되었다.

삼한벽상삼중대광아부공신 김선평제단비
三韓壁上大匡亞父功臣金宣平祭壇碑

후손 창협(昌協)이 쓴 태사묘단기에 보면 "공(公)의 묘택(墓宅)이 오래되어 그곳을 잃었으나 승람(勝覽)에 부의 서쪽 고태장리에 있다고 기록되었으므로 증조 문정공 부군이 일찍이 여러 종인(宗人)을 거느리고 두루 다니며 찾고 글을 지어 천등산에 빌기까지 하였으나 결국 찾아내지 못하였더라. 또 부의 서쪽 십여리에 태장봉이 있으니 곧 천등산의 왼편 기슭이다. 그 아래 당동(堂洞)이 있는데 촌인(村人)들이 모두 태사묘동(太師墓洞)이라 함으로 숭정 병인년에 종인들이 그 이름을 가지고 그곳에 가서 찾음에 신성(申性)이 누세(累世)를 장사지내고 그 가운데 한 무덤 뒤 십 여보에 고총(古塚)같은 것이 있어 평평하게 되었으나 계단이 둘려 있고 윤곽을 분별할만한 하니 대체 큰 무덤 같고 그 형국과 안대(案對)가 또 고적(古蹟) 및 향부노(鄕父老)의 기록한 바와 팔구는 맞으며 또 듣기로는 신성(申性)이 장사할 때 두 고총(古塚)을 다른 곳에 묻고 체하에서 또 지석(誌石) 같은 것이 나와 감추었다 하니 더욱 의심스럽다. 이에 여러 종인(宗人)이 그 일을 관(官)에 송(訟)함에 관에서 체문(逮問)하고 그 발총(發塚)하던 상황을 알아 곧 파보았으나 돌을 찾지 못하여 증빙(證憑)하지 못하고 관에서도 또한 그 일을 마무리하지 않아 그만 두고 말았다. 고 하였다.

시조(始祖) 김선평(金宣平) 신도비각(神道碑閣)
시조 단소 입구

태사묘(太師廟)

경상북도기념물 제15호. 삼국통일에 공을 세운 안동권씨의 시조 권행과 안동김씨의 시조 김선평, 안동장씨의 시조 장정필을 모시기 위해 983년(고려 성종 2년)에 세웠다.

소재 : 경북 안동시 북문동 24번지

경모루(景慕樓)

태사묘 정문

태사묘우
삼태사 위패를 모시고 매년 2월과 8월에 제향한다.

숭보당(崇報堂(강당))
당 회의와 참재원들이 숙식을 하는 곳

안묘당(安廟堂)

안중 할머니와 안금이 위패를 봉안한 곳이다.
병산대첩때 안중 할머니가 몰래 고삼술을 빚어 견훤 군사들에게 권하여 만취케 하고 삼공신군에게 알려 급습하여 승리할 수 있었다는 전설이 전해진다.

태장재사

소재 : 경북 안동시 서후면 태장리 249번지. 경북민속자료 제26호.
안동김씨 시조 태사공의 묘를 지키고 제사를 지내기 위한 재사로 조선 영조 26년(1750)에 후손들이 지었으나 식수난과 질병이 겹쳐 원래 있던 절집을 철거하고 정조 17년(1793)에 다시 지었다. 1913년에 10칸을 다시 짓고 1960년에 수리하였다.

태장태사

태장태사

김계권(金係權, ?~1458) 묘소
소재 : 경북 안동시 풍산면 소산리 역골
음보(蔭補)로 관직에 나가 직장(直長), 주부(注簿)를 거쳐, 1455년 겸주부(兼主簿)때 원종공신(原從功臣) 3등에 녹훈 되었다. 그 후 조산대부 한성부판관(朝散大夫 漢城府判官)을 역임하였다.

보백당(寶白堂) 김계행(金係行, 1431~1517) 묘소
소재:경북 예천군 용문면 직리

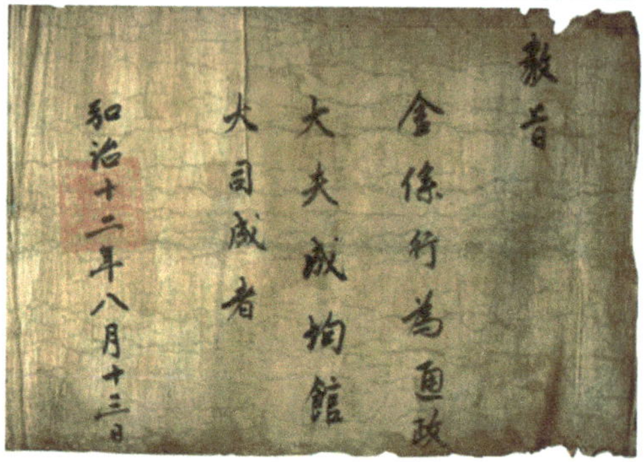

보백당(寶白堂)의 묘표와 교지

김계행의 자는 취사(取斯), 호는 보백당(寶白堂). 김득우(金得雨)의 증손이다. 할아버지는 김혁(金革), 아버지는 비안현감 김삼근(金三近), 어머니는 안동김씨(安東金氏)로 김전(金腆)의 딸이다. 시호는 정헌(定獻)이다. 1706년(숙종 32) 지방 유생들이 김계행의 덕망을 추모하여 안동 묵계서원(默溪書院)을 짓고 향사하였다. 1859년(철종 10) 이조판서에 추증되었다.

묵계서원(默溪書院), 사우(祠宇)
1687년(숙종 13) 고을 선비들에 의해 창건되었다. 1869년(고종 6) 홍선대원군의 서원 철폐령으로 훼철되었다가 1994년 강당과 함께 문루인 읍청루(浥淸樓), 진덕문(進德門), 동재(東齋) 등이 복원되었다. 묵계서원 옆에는 최근에 건립된 김계행의 신도비와 비각이 있다.
소재:경북 안동시 길안면 묵계리 705번지와 735-1번지

만휴정(晩休亭)

보백당 김계행(金係行)이 벼슬에서 물러난 후 여생을 보내고자 지은 정자이다. 만휴정의 동남향 앞으로는 큰 규모의 계곡이 있다. 만휴정으로 이어진 10m 정도의 좁은 다리 밑으로 흐르는 것이 곡간수(谷澗水)이다. 만휴정 위쪽의 넓고 평평한 너럭바위를 지나쳐 20m 정도 높이의 벼랑에서 수직으로 떨어지는 폭포가 있는데, 이것이 바로 송암폭포다.

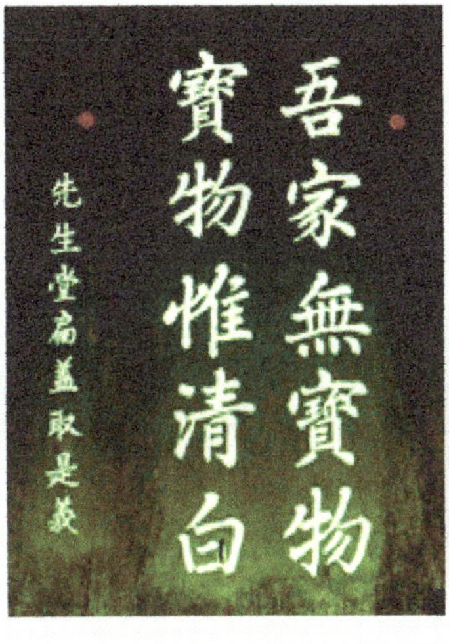

양소당(養素堂)
김영수(金永銖)의 종가이며, 1981년 4월 25일 경상북도 민속자료 제25호로 지정되었다. 자(字)는 적옹(積翁), 호는 양소당(養素堂)이다. 고려 태사(太師) 김선평(金宣平)의 후손이며, 음보(蔭補)로 의금부도사에 제수된 후 사헌부감찰, 상주판관, 사헌부장령, 통례원봉례, 영천군수 등을 역임하였다.

북애공종택 (北涯公宗宅)
소재:경북 안동시 풍산읍 현애리
북애공 김후의 집으로 지은 연대는 알 수 없고, 처음에는 신씨 문중의 종택으로 지었던 것을 그의 외손인 노씨가 입주하였으나 자손이 없어 그의 외손인 황씨에게 넘겨주었다. 그러나 이들 역시 후손이 없어 그의 외손인 북애공이 400년 전에 인수하였다고 한다.

삼구정(三龜亭)
입향조인 전농정 비안현감을 지낸 득우(得雨)공의 현손인 사헌부 장령 김영수(金永銖, 1446~1502) 공이 88세인 어머니 예천권씨를 즐겁게 해드리기 위하여 연산군 2년(1496)에 지은 정자이다. 삼구정이란 이름은 십장생 중의 하나인 거북과 같이 생긴 세 개의 바위가 정자 마당에 있어서 어머니의 장수를 기원하는 의미를 담아 붙인 것이다. 경상북도 유형문화재 제213호. 소재:경북 안동시 풍산읍 소산리 76

삼당(三塘) 김영(金瑛) 선생 시비(詩碑)

빈 배의 섯는 백로 벽파의 씻어 흰가
네 몸이 져리 흰들 마음조차 흴쏘냐
만일 마음이 몸과 갓하면 너를 좇차 놀리라.

김영[金瑛, 성종 6년(1475)~중종 23년(1528)], 자는 영지(英之), 호는 삼당(三塘), 할아버지는 김계권(金係權), 아버지는 사헌부장령 김영수(金永銖), 어머니는 김박(金博)의 따님 강릉김씨이다.

김영은 어려서부터 신동이란 말을 들었는데, 중종 1년(1506) 별시문과에 급제하여 사가독서를 하였고 사헌부장령, 동부승지를 거쳐 중종 22년(1527) 강원도관찰사를 역임하였다.

김번(金璠) 묘소 ,
소재:경기도 남양주시 와부읍 덕소리 산5(안동김씨 묘역 내)
성종 10년(1479)~중종 39년(1544). 자는 문서(文瑞), 증조는 비안현감 김삼근(金三近), 조부는 한성판윤 김계권(金係權), 아버지는 사헌부장령 장령 김영수(金永銖), 어머니는 현령 김박(金博)의 따님 강릉김씨, 배위는 사직서령 홍걸(洪傑)의 따님 남양홍씨, 자녀는 1남 1녀를 두었는데, 아들 김생해(金生海), 손자는 김대효(金大孝), 김달효(金達孝), 김극효(金克孝)이다 . 연산군 4년(1498) 진사에 합격, 중종 8년(1513) 식년문과에 갑과로 급제, 군자감직장을 거쳐 평양서윤·시강원문학 등을 역임하였다.

숙종 36년(1710) 후손에 의해 건립된 김번의 묘갈은 비좌개석의 형태로 개석은 팔작지붕의 형태가 아닌 평옥개석(坪屋蓋石)의 형태이다. 비신 전면 하단부의 마멸이 심하여 판독이 어렵다. 비문은 첨지중추부사 이희보(李希輔)가 지었고, 군자정 김로(金魯)가 글씨를 썼다. 규모는 높이 132cm, 너비 61cm, 두께 29cm이다.

김극효(金克孝) 묘소
소재:경기도 남양주시 와부읍 덕소리 산5(안동 김씨 묘역 내)
중종 37년(1542)~광해군 10년(1618). 자는 희민(希閔), 호는 사미당(四味堂), 증조부는 상주판관 김영수(金永銖), 조부는 평양서윤 김번(金璠), 아버지는 신천군수 김생해(金生海), 어머니는 성종의 아들 경명군 이침(李忱)의 따님 전주이씨, 배위는 좌의정 정유길(鄭惟吉)의 따님 동래정씨, 슬하에 4남을 두었는데 맏이 우의정 김상용(金尙容)이고, 막내가 좌의정 김상헌(金尙憲)인데 김상헌은 장형 김대효(金大孝)에게 출계하였다.

명종 17년(1562) 세자익위사세마에 임명되었고, 명종 19년(1564) 갑자식년사마시에 진사 3등으로 합격 한 후, 내외 관직을 두루 역임하였다. 원종공신(原從功臣)에 봉해졌으며 관직은 동지돈령부사(同知敦寧府事)에 이르렀다.

사후에 영의정에 추증되었으며, 조선 후기에 그의 가문이 명문거족이 되었으므로 그를 신안동 김씨(新安東金氏)의 중시조로 삼고 있다.

김극효(金克孝) 신도비

김생해(金生海) 묘소

(1512년~1558년). 자는 지혼(之渾), 대제학(大提學) 김번의 아들. 음직으로 경기전 참봉(慶基殿 參奉)·사섬시(司贍寺)·내자시(內資寺) ·전생서(典牲署)의 주부(主簿), 사헌부 감찰(司憲府 監察), 통예원인의 겸 한성부참군(通禮院引儀 兼 漢城府參軍)을 지낸 뒤 중종 36년(1541) 辛丑 5월 호조좌랑(戶曹佐郞)이 되었다. 그 후 판관(判官)을 거쳐 장례원 사의(掌隷院 司議), 형조정랑(刑曺正郞) 그리고 금산군수(錦山郡守), 신천군수(信川郡守)를 지냈다. 증숭정대부 의정부좌찬성 겸 판의금부사 오위도총부도총관에 증직되었다.

김상헌(金尙憲) 묘소
-경기도 기념물 제100호
소재:경기도 남양주시 와부읍 덕소리 산5
선조 3년(1570)~효종 3년(1652). 김상헌은 자가 숙도(叔度), 호는 청음(淸陰)·석실산인(石室山人 : 중년 이후 양주 석실에 퇴귀해 있으면서 사용)·서간노인(西磵老人 : 만년에 안동에 은거하면서 사용), 시호는 문정(文正), 아버지는 돈녕부도정 극효(克孝), 우의정 상용(尙容)의 동생.
광해군 즉위년(1608) 문과에 급제 서인 청서파의 영수가 되었다. 인조 14년(1636) 병자호란이 일어난 뒤 예조판서로 청나라와의 화의를 반대하는 척화파가 되어 청나라 감옥에 있었다. 인조 23년에 귀국하여 좌의정이 되고, 효종이 즉위하여 북벌을 추진할 때 그 이념적 상징으로 '대로(大老)'라고 존경을 받았다. 1653년 영의정에 추증되었으며, 현종 2년(1661) 효종 묘정에 배향되었다.

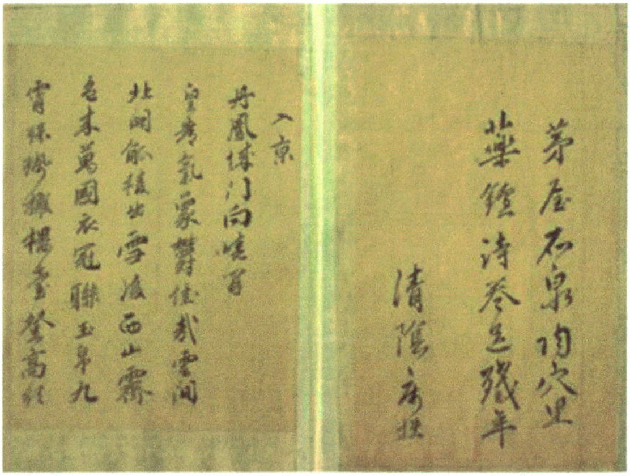

김지수(金地粹,1585년(선조 18) ~ 1639년(인조 17)에게 주어진 청음 김상헌 선생의 친필본

청원루(淸遠樓)
소재:경북 안동시 풍산읍 소산리 87
평양 서윤(庶尹)을 지낸 김번이 살던 집으로 1645년(인조 23) 청음(淸陰) 김상헌(金尙憲)이 누각으로 고쳐 세웠다.

김상헌(金尙憲) 시비(詩碑)

선원(仙源) 김상용(金尙容) 묘소

(1561~1637). 자 경택(景擇). 호 선원(仙源)·풍계(楓溪). 시호 문충(文忠). 1582년(선조 15) 진사(進士)가 되고, 1590년 증광문과에 급제하여 검열(檢閱), 상신(相臣) 정철(鄭澈), 판서 김찬(金瓚)의 종사관(從事官)으로 있었다.1632년(인조 10) 우의정에 임명되자 거듭 사양하여 허락받았다. 1636년 병자호란 때 왕족을 시종하고 강화로 피란하였다가, 이듬해 강화성이 함락되자 화약에 불을 질러 자결하였다.

김상용(金尙容) 신도비

김상용순절비(金尙容殉節碑)
김상용의 우국충절을 기리기 위해 세운 순의비(殉義碑).
소재:인천광역시 강화군 강화읍 관청리 416
7대손 김매순(金邁淳)이 건립하였다. 김상용은 병자호란이 일어나자 강화로 왕을 호종하였으나 청나라 군이 이곳마저 함락하자 남문루(南門樓) 위에 화약을 쌓아놓고 불을 붙여 순국하였다.

김상용(金尙容) 초상

청풍계(淸風溪)

청풍계는 인왕산 동쪽 기슭의 북쪽 종로구 청운동(靑雲洞) 54번지 일대의 골짜기를 일컫는 이름이다. 원래는 푸른 단풍나무가 많아서 청풍계(靑楓溪)라 불렀는데 병자호란 때 강화도를 지키다 순국한 우의정 선원 김상용(仙源 金尙容)이 별장으로 꾸미면서부터 맑은 바람이 부는 계곡이라는 의미인 청풍계(淸風溪)로 바뀌었다 한다. 선원이 이 곳을 별장으로 꾸민 것은 선조 36년(1608). 이 해 2월에 선조가 돌아가고 광해군이 즉위하면서 8월 선원이 한성부(漢城府) 우윤(右尹·현재 서울시 제2부시장 격)이 되니 아마 이때쯤에 이뤄진 일일 것이다. 그러나 이 곳은 원래 선원의 고조부인 사헌부 장령 김영수(金永銖·1446~1502)가 살던 집터였다. 그의 맏형인 학조(學祖)대사가 잡아준 명당터라는 것이다.

청풍계도(淸風溪圖), 견본담채, 133.4 × 58.8 cm, 간송미술관 소장

김상관(金尙寬) 묘소
(1566~1621). 자는 중율(仲栗), 호는 금시재(今是齋). 1607년 진산군수(珍山郡守), 회양부사(淮陽府事)에서 판관(判官). 1609년(광해군 1) 장단부사(長湍府使)로 부임했다. 사후에 좌찬성(左贊成)에 추증되었다.

김상준[金尙寯) 묘소
명종 16년(1561)~인조 13년(1635). 자는 여수(汝秀), 호는 휴암(休菴), 우승지·좌승지를 거쳐 도승지에 올랐다가 동지중추부사로 체직되어 부총관, 가의대부에 올라 형조참판이 되어 동지춘추관·의금부사를 겸했다. 소재:경기도 남양주시 와부읍 율석리 산216-9

김광찬(金光燦) 묘소, 신도비
소재:경기도 남양주시 와부읍 덕소리 산5(안동김씨 묘역 내)

선조 30년(1597)~현종 9년(1668). 자는 사회(思晦), 생부는 부사 김상관(金尙寬)인데 작은아버지인 좌의정 김상헌(金尙憲)의 양자로 들어갔다.

광해군 때는 벼슬에 뜻을 두지 않고 있다가 인조 5년(1627) 생원시에 합격, 음서로 세마가 되었으며, 병자호란 때 아버지를 따라 남한산성으로 인조를 호종하였다. 통진·교하의 현감 등 지방관을 역임하던 중, 아들 김수흥(金壽興, 후일 영의정)·김수항(金壽恒, 후일 영의정)이 출세하자 현종 2년(1661) 공조참의에 특제되었다. 뒤에 청풍군수·파주목사를 거쳐 동지중추부사에 올랐다

김광위(金光煒) 묘소
(1582~). 자는 회보(晦甫), 아버지는 형조참판 김상준(金尙寯), 어머니는 이조판서 이천우(李天祐)의 따님 전주이씨, 배위는 죽산안씨와 안동권씨, 김광욱(金光煜)의 동생이다. 광해군 2년(1610) 진사시에 합격하여 진위현령을 역임하였다.

김광환(金光煥) 묘소
소재:경기도 남양주시 와부읍 덕소리 산6
김광환[金光煥, 선조 12년(1579)~인조 20년(1642)], 자는 회숙(晦叔), 아버지는 우의정 선원 김상용(金尙容). 문과에 급제하여 돈령부 도정 등을 지냈다.

김광욱(金光煜) 묘소
소재:경기도 남양주시 와부읍 덕소리 307
선조 13년(1580)~효종 7년(1656)], 자는 회이(晦而), 호는 죽소(竹所), 시호는 문정(文貞), 아버지는 형조참판 김상준(金尙寯), 1606년 진사, 같은 해 증광문과에 급제하여 승문원에 배속되었다가 검열·대교·봉교를 거쳐 병조좌랑·정언·부수찬 등을 역임하였다.

김수일(金壽一) 묘소
(1623~1689), 자는 태로(台老), 생부는 광위(光煒)이지만 백부인 광욱(光煜)의 사자가 되었다. 인조 연간에 음직으로 벼슬에 나아가 돈령부도정을 지냈고 사후 이조참판에 증직되었다.
소재:경기도 남양주시 와부읍 율석리 산45

문곡(文谷) 김수항(金壽恒) 묘소
소재:경기도 남양주시 이패동 산11(석천마을)
인조 7년(1629)~숙종 15년(1689)], 자는 구지(久之), 호는 문곡(文谷), 시호는 문충(文忠), 아버지는 동지중추부사 김광찬(金光燦), 효종 2년(1651) 알성문과에 장원급제1655년 호당에 사가독서하고, 다시 중시에 을과로 급제하였다. 현종 즉위년(1659) 효종릉비의 전서(篆書)를 쓴 공로로 가선대부에 오르고, 1662년 특명으로 예조판서에 발탁되었다. 그 뒤 육조의 판서를 두루 거쳤고, 1672년 44세의 나이로 우의정, 이어 좌의정에 승진하여 세자부를 겸하였다.

곡운(谷雲) 김수증(金壽增) 묘소
소재:경기도 남양주시 와부읍 덕소리 산6(석실서원묘정비 위)
인조 2년(1624)~숙종 27년(1701)], 자는 연지(延之), 호는 곡운(谷雲), 생부는 김상관(金尙寬), 효종 1년(1650)에 생원시에 합격, 1652년 세마를 시작으로 형조정랑·공조정랑을 거쳐 각사의 정(正)을 두루 역임하였다.

퇴우당(退憂堂) 김수흥(金壽興) 묘소
소재:경기도 남양주시 이패동 산12-5. 인조 4년(1626)~숙종 16년(1690)], 자는 기지(起之), 호는 퇴우당(退憂堂) 또는 동곽산인(東郭散人), 시호는 문익(文翼), 생부는 동지중추부사 김광찬(金光燦), 양부는 동부승지 김광혁(金光爀). 도승지, 호조판서, 영의정을 지냈다.

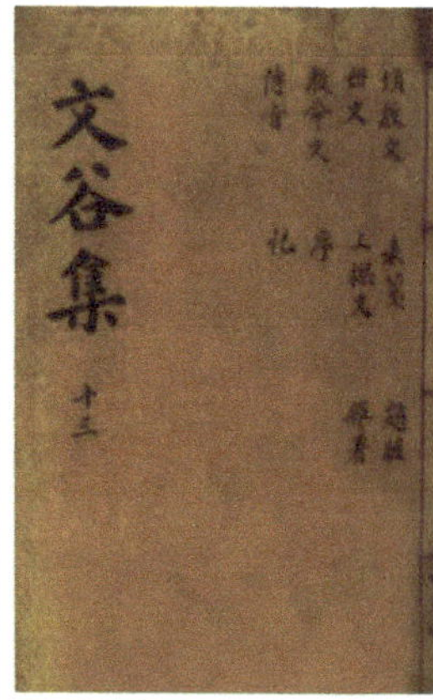

문곡(文谷) 김수항(金壽恒) 영정. 문곡집(文谷集)

김수흥 필적

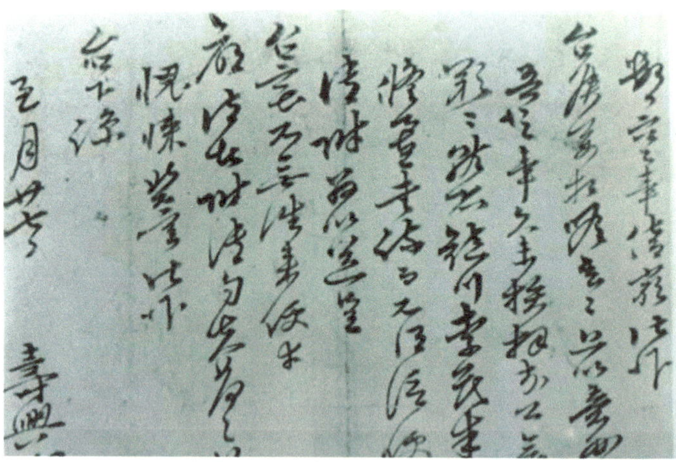

석실서원(石室書院)
효종 7년(1656년) 병자호란 때 대표적인 척화신이었던 김상헌(金尙憲)과 김상용(金尙容)을 기리기 위하여 건립되었고, 현종 4년(1663) 석실사(石室祠)라는 편액을 하사받고, 사액서원으로 승격되었다. 숙종 23년(1697) 김수항(金壽恒)·민정중(閔鼎重)·이단상(李端相)이 배향되었고, 그 이후 김창집(金昌集)·김창협(金昌協)·김창흡(金昌翕)·김원행(金元行)·김이안金履安)·김조순(金祖淳) 등이 추가 배향되었다.

석실서원묘정비(石室書院廟庭碑)
취석(醉石)
도산정사를 건립할 당시 우암 송시열이 김수증에게 준 글을 김수증이 4년 뒤인 현종 13년(1672) 지금의 비석 앞면에 각자하여 세운 것이다. 앞면에는 '醉石', 뒷면에는 송우암의 '도산정사기'와 함께 1672년 곡운 김수증이 우암 송시열이 글씨를 써준 내력이 있다.

송백당유허비(松柏堂遺墟碑)
송백당이 허물어지고 40여년이 지난 철종 12년(1861) 남양주에 건립된 송백당유허비로 김문근(金汶根, 철종의 국구, 영돈령부사 영은부원군)이 비문을 짓고, 김보근(金輔根, 이조판서)이 글씨를 썼다.

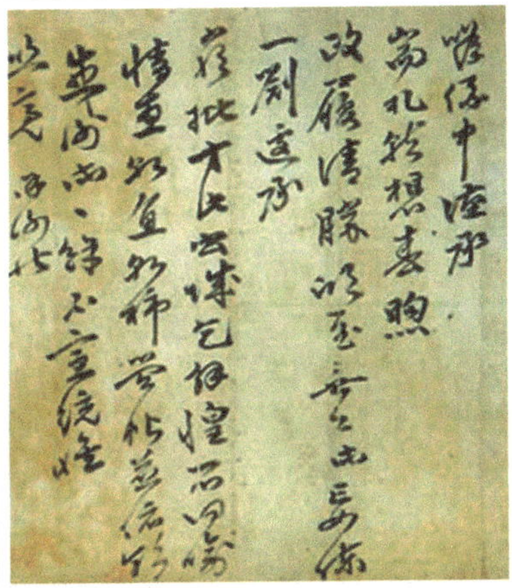

몽와(夢窩) 김창집(金昌集) 묘소, 영정과 필적
인조 26년(1648)~경종 2년(1722)], 자는 여성(汝成), 호는 몽와(夢窩), 시호는 충헌(忠獻), 아버지는 대제학에 영의정을 지낸 김수항(金壽恒). 정언, 지돈녕부사, 우의정, 좌의정, 영의정. 노론 4대신으로 1721년(경종 1) 신임사화로 사사되었다.

김창흡(金昌翕) 영정

농암(農巖) 김창협(金昌協, 1651~1708) 묘소
호 농암(農巖). 숙종 때 대사성 등의 관직을 지냈으나, 기사환국으로 아버지 수항이 사사(賜死)된 뒤 은거하고 후에 관직도 사양하였다.

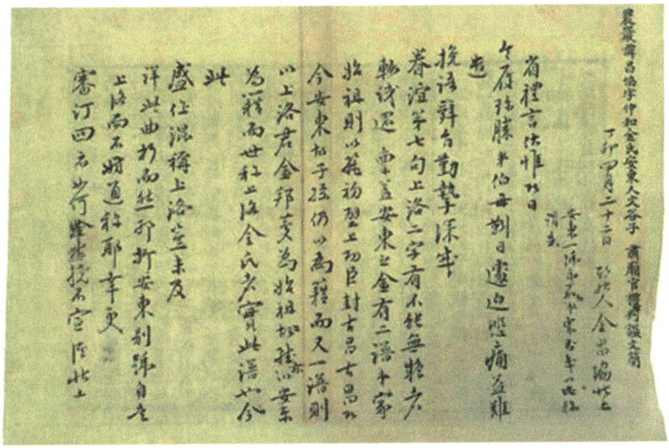

김창협 간찰(簡札)

삼연(三淵) 김창흡(金昌翕) 묘소

자는 자익(子益)이고 호는 삼연(三淵). 영의정 수항의 셋째아들. 과거에는 관심이 없었으나 친명(親命)으로 응시하여, 1673년(현종 14)에 진사시에 합격한 뒤 과장에 발을 끊고 글을 읽으며 산수를 즐겼다. 1689년 기사환국 때 아버지가 사사되자 영평에 은거하였다.

사충서원(四忠書院) 묘정비

소재 :경기도 하남시 상산곡동 100-2(고촌). 건립연대 :1786년(영조10)

사충서원(四忠書院)

1725년(영조1) 노론 4대신인 김창집·이이명·이건명·조태채를 제향하기 위하여 노론계 관료와 유생이 추진하고 국가의 보조에 의하여 경기도 과천에 건립되었다.

일묘사충지문(一廟四忠之門)
소재:경기도 여주군 대신면 초현리 148
숙종 15년(1689) 기사환국으로 사약을 받고 죽은 김수항(金壽恒), 경종 2년(1722) 신임사화 때 죽은 아들 김창집(金昌集), 손자 김제겸(金濟謙), 증손자 김성행(金省行)의 충절을 기리는 정려.

진재(眞宰) 김윤겸(金允謙,1711~1775)
종조부 김창협과 김창흡의 진경문화사상에 영향을 받아 18세기에 겸재 정선과 더불어 우리나라 진경산수화를 개척한 화가이다.

김제겸(金濟謙) 묘소
숙종 6년(1680)~경종 2년(1722), 자는 필형(必亨), 호는 죽취(竹醉), 시호는 충민(忠愍), 본관은 후안동, 아버지는 영의정 김창집(金昌集)이다. 정언·헌납·집의·응교·교리·사간·예조참의·승지 등을 역임하였다. 소재:경기도 여주군 대신면 초현리 148

김이소(金履素) 묘소
자 백안(伯安), 호 용암(庸庵), 시호 익헌(翼憲) 1735년 ~ 1798년승지, 대사성, 이조참판, 예조판서, 좌의정. 소재:경기도 여주군 가남면 본두2리

김이안(金履安) 영정(影幀)
1722(경종 2)~1791(정조 15). 자 원례(元禮), 호 삼산재(三山齋), 시호 문헌(文獻). 상헌(尙憲)의 후손으로 창협(昌協)의 증손자, 원행(元行)의 아들이다.
이화여자대학교 소장

김성행(金省行) 묘소
숙종 22년(1696)~경종 2년(1722). 자는 사삼(士三), 호는 취백헌(翠栢軒), 시호는 충정(忠正), 증조는 영의정 김수항(金壽恒), 조부는 영의정 김창집(金昌集), 아버지는 우부승지 김제겸(金濟謙)이다.

김이장(金履長) 묘소
증조는 영의정 김창집(金昌集), 조부는 우부승지 김제겸(金濟謙), 아버지는 김성행(金省行)이다. 소재:경기도 여주군 대신면 초현리 148

풍고(楓皐) 김조순(金祖淳) 묘소
소재:경기 이천시 부발읍 가좌리 56-27. 영조 41년(1765)~순조 32년(1832). 초명은 낙순(洛淳), 자는 사원(士源), 호는 풍고(楓皐), 시호는 충문(忠文), 순조의 국구로 영안부원군(永安府院君)에 봉해졌다.

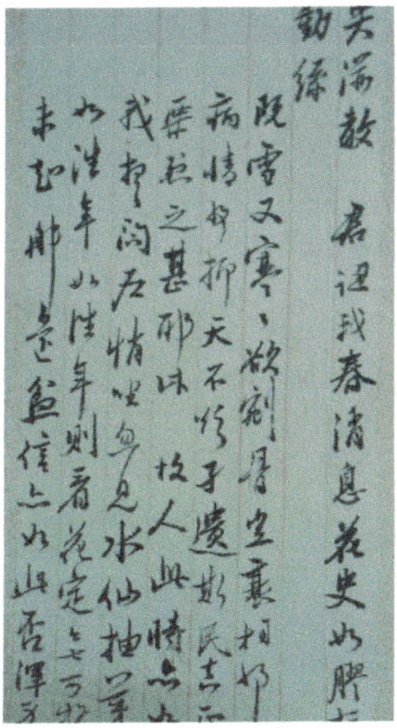

풍고(楓皐) 김조순(金祖淳)의 필적과 초상

김좌근(金左根) · 김병기(金炳冀) 묘비(墓碑)
소재:서울 관악구 신림동 서울대학교 구내
영의정 하옥 김좌근(金左根), 그 아들 사영 김병기(金炳冀, 1818~1875)의 묘는 본래 경기도 이천시 백사면 내촌리 222-14 김좌근 고택 뒷산 안동김씨 묘역에 있었다.

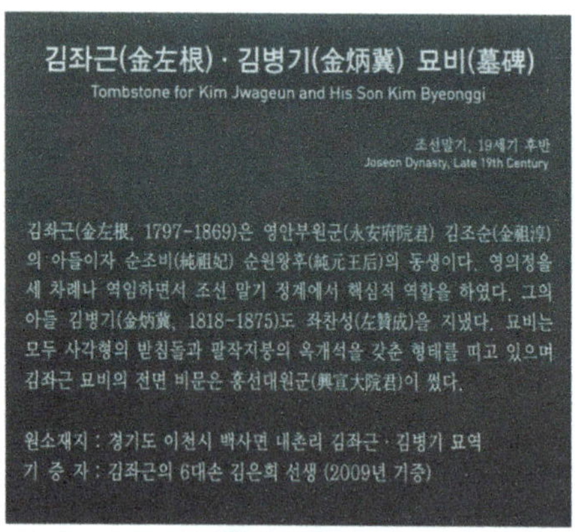

김좌근(金左根)의 고택
소재:경기도 이천시 백사면 내촌리 소일마을

김흥근(金興根,정조 20년(1796)~고종 7년(1870) 묘소
소재:경기도 포천시 일동면 기산8리 산46-9. 자는 기경(起卿), 호는 유관(游觀), 시호는 충문(忠文), 이조판서를 거쳐 철종 2년(1851)에 좌의정에 오르고 이듬해에 영의정이 되었다. 이후 판중추부사로 물러났다가 1862년에 이정청총재관(釐整廳摠裁官)이 되었고, 고종 2년(1865) 영돈령부사로 치사(致仕)하였다.

김문근(金汶根) 묘소
순조 1년(1801)~철종 14년(1863). 자는 노부(魯夫), 시호는 충순(忠純), 조부는 장악원정 김이장(金履長), 아버지는 김이순(金?淳), 생부는 부사 김인순(金麟淳), 초배는 민무현(閔懋鉉)의 따님 여흥민씨, 계배는 이조판서 이용수(李龍秀)의 따님 연안이씨이다. 이조판서 수근(洙根)의 아우이며, 철종의 장인이다.
소재:경기도 여주군 대신면 초현리 167-1

안동 영호루(映湖樓) 글씨
낙동상류(洛東上流),영좌명류(嶺左名樓)
-안동부사 김학순(金學淳)의 필적

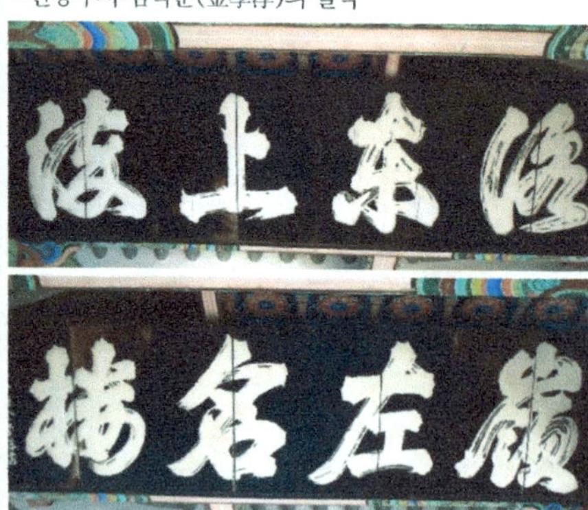

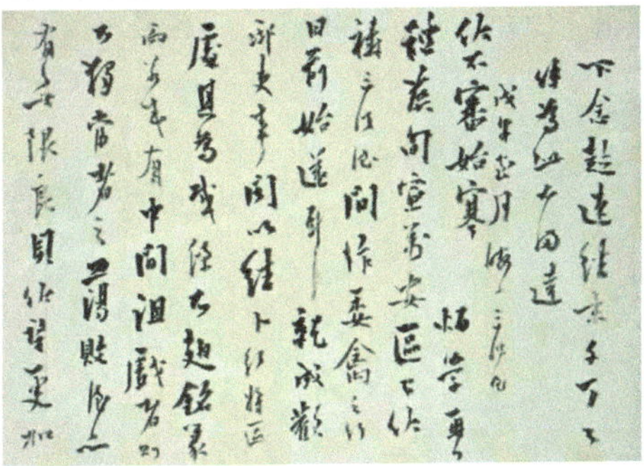

문헌공(文獻公) 김병학(金炳學,1821년(순조 21) ~ 1879년(고종 16). 간찰

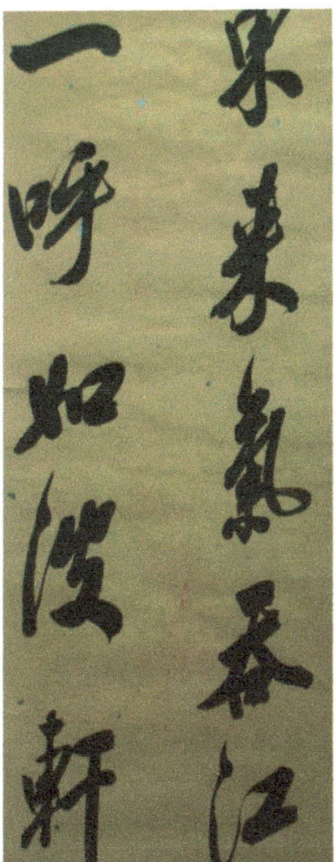

해사(海士) 김성근(金聲根,1835~1918) 선생의 묵서(墨書)

'玉淚無愧' 혼자 구석진 방에 앉아 있어도 양심에 부끄러움이 없게 한다는 뜻.

정문공(正文公) 김수근(金洙根,1798(정조 22) ~ 1854(철종 5). 간찰 (하단)

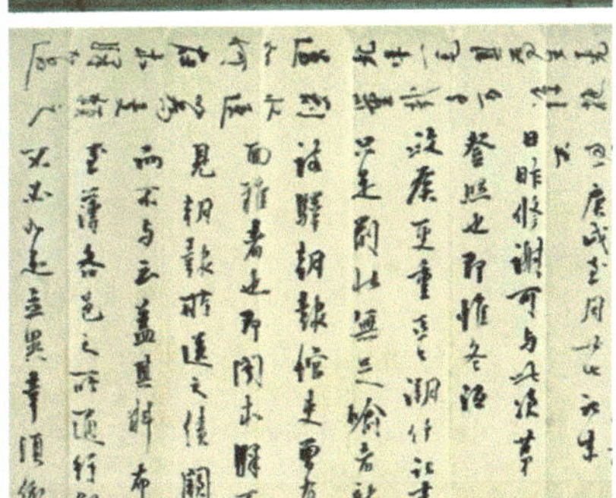

동야고택(東埜古宅)

동야(東埜) 김양근(金養根, 1734~1799)의 고택. 공은 증광문과에 급제한 후 만녕전별검(萬寧殿別檢), 전적(典籍), 병조낭관(兵曹郎官) 등을 지냈다. 1773년 시폐(時弊)를 논하는 소를 올려 문제가 되자, 낙향하였다가 이듬해 지평(持平)에 복직되었다. 뒤에 현풍현감과 음죽현감을 역임하였고, 1799년 통정대부에 가자되어 형조참의를 지냈다. 문집으로 『동야집(東埜集)』 14권 6책이 있다.

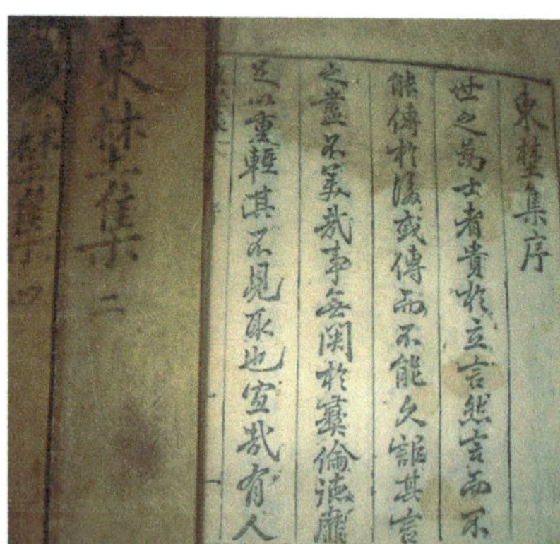

동야집(東埜集)

1845년(헌종 11) 간행된 김양근(金養根)의 시문집. 14권 6책. 활자본. 손자인 도균(度均)·하균(夏均) 등이 간행하였다. 권두에 홍직필(洪直弼)과 김이양(金履陽)의 서문이 있고, 권말에 강태중(姜泰重)의 발문이 있다.

김병연(金炳淵) 묘소,시선(詩選) 金삿갓 난고(蘭皐) 선생 유허비(遺墟碑)
소재:강원도 영월군 김삿갓면 와석리 897-5
순조 7년(1807)~철종 14년(1863). 자는 성심(性深), 호는 난고(蘭皐), 별호는 김삿갓 또는 김립(金笠), 증조부는 경원부사 김이환(金履煥), 조부는 선천방어사 김익순(金益淳), 아버지는 진사 김안근(金安根), 어머니는 함평이씨, 배는 장수황씨.

고균(古筠) 김옥균(金玉均) 묘소와 사우(祠宇)
철종 2년(1851)~고종 31년(1894). 자는 백온(伯溫), 호는 고균(古筠)·고우(古愚), 시호 충달(忠達), 고종 9년(1872) 알성문과에 장원급제. 박영효(朴泳孝)·서광범(徐光範)·홍영식(洪英植) 등과 '갑신정변'을 일으켰으나 실패로 끝나자 상하이로 망명중 자객 홍종우(洪鍾宇)에게 암살을 당하였다. 소재:충남 아산시 영인면 아산리 143

김좌진(金佐鎭) 장군묘(將軍墓)와 재사(齋舍) 백야재(白冶齋)
소재:충남 보령시 청소면 재정리 산 50외
김좌진(1889~1930) 호는 백야(白冶). 18세에 호명학교를 세워 새로운 학문을 교육하였고, 1916년 광복단에 가담하여 항일투쟁을 전개하다가 3년간 옥고를 겪었다. 1919년 3·1 독립운동 후 만주로 건너가 북로군정서의 총 사령관으로, 1920년 10월 일본군을 맞아 청산리대첩에서 3,000여명의 일본군을 살상하는 전과를 올렸다. 중국의 항일세력과 함께 연합전선을 결성하고 대일 항전을 준비하던 중 1930년 1월 공산당 청년 당원에게 암살당하였다. 1962년 3월 1일 대한민국 건국공로훈장 중장을 받았다.

김좌진(金佐鎭) 장군(將軍) 동상
-홍성 읍내

김좌진(金佐鎭) 장군의 생가(生家)
소재:충남 홍성군 갈산면 행산리 330-1

경릉(景陵)
조선 제24대왕 헌종(憲宗, 1827~1849, 재위, 1834~1849)과 그 비(妃)인 효현왕후 김씨(孝顯王后金氏)의 능(陵)
소재:경기도 구리시 인창동

예릉(睿陵)
조선 제 25대 왕인 철종과 비 철인왕후의 능
소재:경기도 고양시 덕양구 원당동 산38-4번지 서삼릉 내

인릉(仁陵)
23대 순조(純祖 재위 1800~1834)대왕과 비(妃) 순원왕후(純元王后) 김씨의 능.
소재:서울특별시 서초구 내곡동 산13-1번지

머리말

《 안동(安東)김(金)씨(신(新)) 이야기 》

우리 한민족(韓民族)은 세계 어느 나라 어느 민족(民族)과도 비교되는 남다름을 담고 있는 민족이니, 그것은 유구한 역사와 시간 속에서도 한결같이 이어져온 하나의 혈맥(血脈)에서 나오는 자기 정체성과 일체감이 아닐까 합니다.

우리들이 더욱 화목(和睦)하고 단합(團合)하여 국가(國家)와 민족(民族)에 봉사하는 것이야말로 우리들이 이 《안동 김씨(신) 이야기 》를 발간하는 참뜻이라 할 것입니다.

그런 의미에서 본 서책은 안동 김씨(신)에 관해 체계적으로 정리 한 것으로 족인의식(族人意識)을 자각하고 일족(一族)의 친목(親睦)을 도모하며 조상(祖上)의 뛰어난 행적을 널리 알리고자 하는 목적으로 시대적 요구에 부응하는 가장 적합한 서책이라 할 것입니다.

조상의 행적의 공(功)과 덕(德)이 많음에도 알지 못하면 부지(不知)의 소치이며, 그 공덕(功德)을 알면서도 전(傳)하지 아니하면 불인(不仁)의 소치라 하였습니다.

급변하는 세상을 하루하루 바쁘게 살아오는 동안 오늘날 우리는 너나 할 것 없이 부지불인(不知不仁)을 면하지 못하고 있음을 생각하며 늘 안타까운 마음을 갖고 있던 차에 이렇게 우리의 역사를 성씨별로 읽기 쉽게 정리한 보첩이 발간되어 세상에 나오니 반가운 마음을 금할 수 없습니다.

특히 요즈음 자라나는 새 세대들은 세계사(世界史)나 외국 위인(偉人)에 대해서는 잘 알면서도 자기(自己)의 가계(家系)나 조상(祖上)들이 이루어 놓은 유사(遺事)에 관하여는 소홀히 하는 경향이 있는데, 이러한 시대적 상황에 처하여 온고지신(溫故知新)의 윤리도덕(倫理道德)으로 새로운 미풍양속(美風良俗)을 승화 발전시켜야 할 책무(責務)가 우리 세대에 요청받고 있으니, 다음 젊은 세대(世代)에게 올바른 윤리도덕(倫理道德)과 씨족(氏族)의 중요성을 일깨워야할 소명(召命)이며 의무(義務)가 아닐 수 없겠습니다.

지금까지의 대부분의 문중 사료와 보첩들은 우리 후손들에게는 너무 어려워서 가까이 하지 못한 점이 늘 안타까웠기에 본 《 안동 김씨(신) 이야기 》 는 남녀노소 모두에게 이해하기 수월하게 구성하여 묶어 내었습니다.

이로써 생활 속에서 보다 가깝고 친근하게 조상(祖上)과 뿌리를 알게 하고 기본적인 예절을 알게 되는 계기가 될 것이라 기대합니다.

그동안 이 보첩의 발간을 위하여 지원하고 노력하여주신 여러 분들에게 진심으로 감사를 드리며, 우리민족의 위대한 발전과 도약을 기원합니다.

2014. 9. 25.

성씨이야기편찬실

|차 례|

[卷之上]

▌시조(始祖)와 씨족사(氏族史)

일러두기

1. 이 책은 전통적인 족보(族譜)와 보첩(譜帖)의 체제에서 벗어나 선조(先祖)들의 구체적인 행적(行蹟)에 대해 일반인들과 젊은 세대(世代)가 쉽게 보고 이해할 수 있도록 하는 것에 주된 방향을 맞추어 편찬하였습니다. 때문에 어려운 한문체(漢文體)의 내용이나 중복되는 내용이 많은 것은 배제하였습니다.

2. 본 보첩(譜諜) 편찬의 근본정신은 오랜 역사를 거쳐 오면서 유실된 사료(史料)와 각 씨족별로 나타나는 복잡하고 많은 이설(異說) 등의 다양한 견해(見解)를 모두 반영하기 보다는 자라나는 어린 후손들에게 보다 쉽고 친근하게 선조의 씨족사를 이야기하고 선조의 발자취를 보여줌으로써 자긍심을 키우고 미래를 밝혀줄 바른 정신을 전하고자 하는데 있음을 밝혀둡니다.

3. 본 서(書)는 각 성씨별, 관향별 종친회(宗親會)와 그 외 각 지파(支派)에서 발간해온 보첩과 자료를 주로 참고하였으며, 일반 서적과 사전류에 수록된 내용들도 발췌 정리하여 엮음으로써 가능한 한 많은 내용을 담도록 노력하였습니다.

4. 수록된 관향의 순서는 가나다순(順)으로 하였으나 편집의 편의상 선후가 바뀔 수도 있음에 양해를 구하며, 인물의 경우 계대를 따르는 것을 원칙으로 하였으나 여의치 않을 경우 대략적인 활동 연대순을 따랐습니다.

5. 각 본관별(本貫別) 내용 구성은 먼저 주요 선조의 유적 유물 사진을 수록하고, 연원(淵源)과 씨족사(氏族史), 세계(世系)과 행렬(行列) 등을 한눈에 이해하기 쉽게 정리하고, 그리고 역대 주요 명현(名賢)의 생애와 업적을 이해하기 쉬운 약전(略傳) 형식으로 수록하였습니다.

6. 수록한 내용과 인물들은 삼국유사 《三國遺事》,삼국사기 《三國史記》,고려사 《高麗史》,조선왕조실록 《朝鮮王朝實錄》,고려공신전 《高麗功臣傳》,국조방목 《國朝榜目》 등의 일반 사료(史料)의 기록을 기반으로 하여 각 성씨별 문중(門中)에서 발행한의 보첩에 나타나 있는 명현(名賢)을 망라하였으나 자료의 미비로 부득이 누락된 분들은 다음 기회에 보완 개정하고자 합니다.

시조와 씨족사

始祖와 氏族史

시조(始祖) 태사공(太師公) 김선평(金宣平)

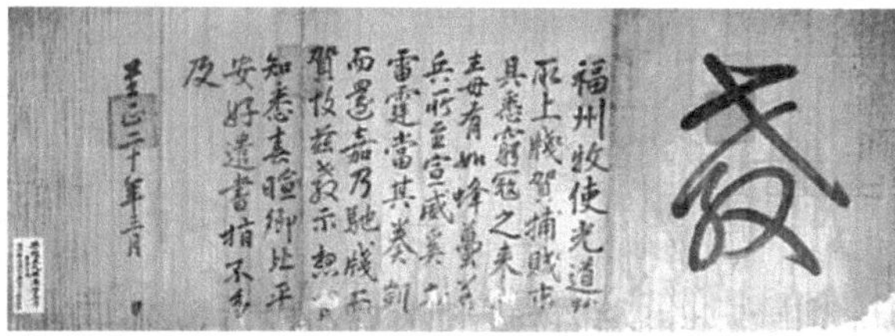

태사묘삼공신유물-교지(太師廟三功臣遺物-敎旨)

시조는 김선평(金宣平). 36세 때 고창군주(古昌郡主)로 군병(郡兵)을 일으켜, 고려 태조를 도와 견훤(甄萱)을 병산(甁山)에서 대파, 그 훈공으로 삼한벽상공신(三韓壁上功臣) 삼중대광(三重大匡) 태사아부(太師亞父)에 올랐다.

'태사공(太師公) 신도비명(神道碑銘)'을 보면, 그는 신라말에 고창성주(古昌城主)가 되어 고려 태조가 견훤(甄萱)을 토벌할 때 공(公)이 권행(權幸)·장길(張吉) 등과 더불어 군(郡)을 들어 귀부(歸附), 병산(甁山)의 승첩(勝捷)을 있게 했다고 하였다. 그 공으로 삼한벽상공신(三韓壁上功臣)의 호(號)를 주고 고창(古昌)을 안동부(安東府)로 승격시켰다고 하였다. 그리하여 후손들이 본관을 안동(安東)으로 삼게 되었다.

안동(安東)(신(新))김씨(金氏)의 선계(先系)는 신라김씨(新羅金氏) 곧 대보공(大輔公) 김알지(金閼智)의 후예라고 한다. 그러나 김알지계(金閼智系)인지 혹은 경순왕계(敬順王系)인지는 상고(詳考)하지 못한다.

그래서 '신라김씨선원보(新羅金氏璿源譜)'에서도 그의 상계(上系)

를 알 수 없다하여 김선평(金宣平)을 관조(貫祖)라고 표시하였다.

또 하나 세계정오(世系正誤)에 관한 문제다. 시조공 이후의 소목(昭穆)이 한동안 7세 김득우(金得雨)사이가 분명치 않아 전농정공(典農正公) 김득우(金得雨)를 기세조(起世祖)로 한 적이 있었다.

그 뒤 전농정공(典農正公)의 호장(戶帳)이 발견되어 공수부정공(公須副正公)까지의 계대(系代)가 알려져 '기해구보(己亥舊譜)' 이후 기세조(起世祖)를 공수부정공(公須副正公)으로 하고 있다.

태사묘단기(太師墓壇記)

- 김창협(金昌協) 지음

시조 태사 김선평 公은 신라 말에 고창의 성주(城主)였다. 고려 태조가 견훤(甄萱)을 토벌할 때 공과 권행(權幸), 장길(張吉)이 고창군(古昌郡)을 가지고 고려에 귀의하니 태조가 받아들여 마침내 병산(甁山)에서 대승을 하고 이로 말미암아 명성(名聲)을 더욱 떨쳤으며, 마침내 견훤(甄萱)의 본토를 멸망시킨 것은 公등 삼인의 힘이었다.

공록(功祿)을 봉함에 公을 대광(大匡)으로 삼아 맨 앞에 두고, 권행(權幸), 장길(張吉)을 대상(大相)으로 삼아 모두에게 삼한벽상공신(三韓壁上功臣)의 호(號)를 하사하고 태사작위(太師爵位)를 주었으며, 고창군(古昌郡)을 승격하여 안동부(安東府)로 하였다. 公께서 졸한 뒤에 안동부민들이 그의 공덕(功德)을 기리어 부사(府司) 에 사당을 세우고, 권(權), 장(張) 두 태사(太師)와 함께 제향을 하고 지금까지도 이어지고 있다.

그러한 사실은 퇴계(退溪) 이 문순공(李 文純公)이 지은 기문(記文)에 기록되어 있다. 대개 公께서 고창(古昌)을 지키고 있을 때는 이미 신라의 국운이 기울고 있었으나 견훤(甄萱)은 잔학하였고, 임금과 백성간의 의(義)는 반드시 보답하는 데에 있으므로, 公께서는 외롭게 고립된 한 성을 돌보고 있을 때 흉노들의 침략을 당해 홀로 대항할 수가 없어, 할 수 있는 계책으로는 고려와 협력하여 함께 원수를 멸망시킴으로써 스스로 그 뜻을 펼 수 있는 것이었다. 이것은 거의 장사도(張司徒)1)가 한(漢)나라를 도와 진과 초를 멸하고 한(韓)나라의 원수를 갚은 것과 같다고 할 수 있으며, 그 유풍(遺風)이 백성들로 하여금 의리 에 용감할 수 있도록 영향을 끼쳐 야별초(夜別抄)나 홍건적란(紅巾賊亂)에 죽을힘을 내어 군주를 보호하였던 것이다. 그 것이 마침내 아름다운 풍속이 되어, 公께서 한 지방에 더욱 덕을 베푸셨으니 오래도록 사당에 모시는 것은 당연

한 일이다. 유독 公의 묘택(墓宅)을 잃은 지 오랜 세월이 지났고, 승람(勝覽) 에는 부(府) 의 西쪽 옛 태장리(台莊里)에 있다고 기록되어 있으나, 우리 증조부 문정공부군(文正公府君)2)께서 여러 종인(宗人)들을 거느리고 천등산(天燈山)에서 글을 지어 빌기까지 하면서 두루 찾아 다녔으나 끝내 찾지를 못하고, 부(府)의 서쪽으로 십 여리 되는 곳에 태장봉(台莊峰)이라고 하는 봉우리가 있는데, 곧 천등산(天燈山)의 좌측 기슭이다. 그 아래에 당동(堂洞) 이라고 하는 지명이 있는데, 나무를 하고 수렵을 하는 마을 사람들이 모두 태사묘동(太師墓洞)이라 부른다고 한다. 숭정병인(崇禎丙寅)년에 종인(宗人) 金纘등이 그 이름을 가지고 그 곳에 가서 찾아보았는데, 신씨(申氏) 성을 가진 자가 여러 대(代)동안 그 속에서 장례를 치렀었다고 한다. 한 묘의 바로 뒤쪽 십 여보 되는 곳에 고총(古冢)같으나 평평하게 되어 있는 곳이 있는데, 섬돌 주위가 넓고 둥글어 분별할 수 가 있으며 대체로 큰 무덤 같았다. 그 형국이 서로 마주 대하는 것 같고, 또 많은 옛 고적과 시골 노인들이 기록하여 놓은 것이 십의 팔구가 합치하여 징험을 할 수가 있었으며, 또 신씨(申氏) 성의 무덤이라 들린다. 실은 두개의 고총을 발굴하여 다른 곳에 묻고, 섬돌 아래에서 지석 같은 매석이 나왔으나 은닉 하였다 하니 더욱 의심이 갔다. 그래서 여러 종인(宗人)들이 그 사실들을 모두 거두어 관에 송사를 하고, 관에서 잡아다가 문초를 하니 과연 그 고총을 발굴한 상항을 알아냈으나, 지석은 결국 찾지를 못하고 징험을 못했다. 관에서도 역시 밝히지 못하고 그 사건은 마침내 끝이 나고 말았다. 일이 끝이 났으니 어떻게 할 수도 없어 협의를 한 결과 "우리 태사께서는 신라와 고려 때에 공로가 있어 그 명성이 역사상의 기록에 드러나 있고 은덕이 향방(鄕邦)에 베풀어져 후손들이 음덕을 입어 번성하나, 묘가 있는 곳을 모르고 지나 온지가 수백 년, 그동안 제사도 못 드렸고 이제 다행히도 진짜 묘를 거의 찾았으나, 도리어 간인에게 도점 당해 영역이 훼상되고 비판이 없어졌으며, 마침내 그 진실도 징험 히지 못한 채 봉분을 축조하니 통심질수(痛心疾首)하며 추원(追遠)의 마음을 그 무엇으로 위로 할 것인가? 옛날 사람들이 제사를 지냄에 묘를 바라보고 단에서 지내는 일이 있었으니, 지금 만약 그 것을 모방하여 단을 만들고 후손들로 하여금 그 체백(體魄)있는 곳을 상상하며 밭을 갈고 나무하며 방목을 하지 못하게 한다면 예의에 혹 옳지 않겠는가." 하니 모두 "그렇다" 하여 드디어 모년 모월 모일 甲子에 동중(洞中)에 터를 닦고 단을 만들어 완성하고 제사를 지내니 종인(宗人)들이 모두 모였다. 이때부터 춘추향사를 한결같은 의식으로 영구히 준행할 것을 기약하며, 단의 옆에 비를 세우고 그 사실을 펴서 기록하고 후세 사람들에게 알린다. 백부께서 창협에게 그 본말을 입언을 갖추어 명하신 것을 이와 같이 삼가 간추려 기록한다.

후손 창협 기(記)

주(註)

① 張司徒 : 張良을 이름, 字는 子房, 漢나라 고조의 충신, 先祖는 翰나라 사람, 秦이 翰을 멸한 보복을 하고자 시황제를 박랑사에서 저격하려고 하였으나 뜻을 이루지 못하여 이름을 고치고 하비에 숨었을 때 漢나라 고조를 도와 천하를 통일하였다

② 문정공(文正公) 김상헌(金相憲, 1570 ~ 1652) 조선의 문신, 호는 청음, 선조 29년 정시문과에 병과로, 1608년(광해군 즉위) 문과중시에 을과로 각각 급제, 정언, 교리, 직제학 등을 역임, 대사

간, 도승지, 대사헌, 대사성, 대제학을 거쳐 예조, 공조, 형조, 이조 판서를 역임, 효정묘정에 배향.

김창협(효종 2년 ~ 숙종 34년). 조선의 문신, 호는 농암, 현종10년 진사가 되고, 숙종 8년 증광문과에 장원급제. 이조정랑, 수찬, 교리, 지평, 집의, 헌납, 대사간, 동부승지, 대사성등을 역임. 시호는 문간, 숙종의 묘정에 배향, 양주 석실서원, 영암 녹동서원에 제향.

안동김씨 태장재사(安東金氏 台庄齋舍)

-경상북도 민속자료 제28호. 안동시 서후면 태장 1리 249.

이 건물은 안동김씨(安東金氏) 시조(始祖) 태사 김선평(太師 金宣平)공의 단소를 지키고 봉제(奉祭)를 위한 재사(齋舍)이다. 재사 가까운 지역에는 신라시대부터 천태암(天台庵)이 있었다 한다.

설단(設壇) 이후 단소(壇所) 동쪽 100보 내에 숙종(肅宗) 37년 경 소옥(小屋)을 지었다가 영조(英祖) 25년(1749)에 재사를 확장하였으나 식수난과 질병이 겹쳐 사헌부지평(司憲府持平) 양근(養根)공이 경향각처의 뜻을 모아 현 위치에 승려의 집을 철거하고 터를 닦아 정조(正祖) 17년(1793)에 28칸을 중건하고 익실(翼室)과 문루(門樓)를 옮겨지었다.

1913년 4월 주사를 현 위치에 확장하여 10칸을 중건했고 1960년 풍수해를 당해 재사를 보수했다. 'ㅁ'자형의 재사와 '一'자형의 이상루(履霜樓), 'ㄱ'자형의 관리사(管理舍)로 구성되어 있으며, 재사에는 제수(祭需)를 준비하는 유사실(有司室)과 전사청(典祀廳), 그리고 참제원실(參祭員室)이 있다.

이상루는 묘제(墓祭) 후에 음복(飮福)과 문중(門中) 회의(會議)를 여는 장소로 사용되는 곳이다. 재사는 민도리집의 간결, 검소한 건물이며 누(樓)는 이익공식(二翼工式)의 팔작지붕 건물로 누 상부(上部)는 3면에 판벽(板壁)을 치고 판문(板門)을 설치하였다. 이 지역 재사건물 가운데서 규모가 크고 각 부분이 용도에 따라 명확히 구분되어 있는 건물로 매년 음력 10월 10일 묘제(墓祭)를 지낸다.

고려 품계 위계(高麗品階位階) - 삼중대광과 벽상삼한삼중대광

-고려사 백관지에 의함(高麗史 百官誌에 依함)- 정1품 상. 하 종1품 상. 하만 나타냄.

	정1품 상	정1품 하	종1품 상	종1품 하
1060(문종14)			개부의동삼사	
1275(충렬1)				
1298(충렬2)			승록대부	
1308(충렬34)	삼중대광 → 벽상삼한삼중대광		중대광 → 벽상삼한중대광	
1310(충선2)	삼중대광		중대광	
1356(공민5)	개부의동삼사	의동삼사	금자광록대부	금자승록대부
1362(공민11)	벽상삼한삼중대광	삼중대광	중대광	
1369(공민18)	특진보국삼중대광	특진삼중대광	삼중대광	중대광

벽상공신(壁上功臣)

고려시대 공신(功臣)에게 내린 호(號) 가운데 하나로 정1품에 해당하는 공신들에게 내렸다. 무인집권기에 공신호를 받은 정중부(鄭仲夫) · 이의방(李義方)이고(李高)의 초상을 조정의 벽에 붙인 데서 지어진 이름이다.

벽상공신이라는 호칭은 《고려사》. 〈세가(世家)〉 태조 34년조에 처음 나타난다. 936년(태조 19) 고려가 후삼국을 통일한 뒤 940년 신흥사(新興寺)를 중수하고 이곳에 공신당(功臣堂)을 세우면서 공신당의 동서 벽에 삼한공신의 모습을 그려 넣었다.

벽에 그린 삼한공신이라 하여 이들을 삼한벽상공신(三韓壁上功臣)으로 부르는데, 벽상공신은 바로 여기서 유래한 것이다. 이후 벽상공신 칭호는 고려시대 전체에 걸쳐 정중부(鄭仲夫)의 난 때 명종이 무신난의 주동자들에게 내린 예외에는 없다.

공신당에 그려진 삼한 벽상공신은 고려의 개국공신 가운데서도 큰 공을 세운 인물들로 홍유(洪儒:殷悅), 배현경(裵玄慶), 신숭겸(申崇謙), 복지겸(卜智謙), 유금필(庾黔弼), 김선궁(金宣弓), 이총언(李悤言), 김선평(金宣平), 권행(權幸), 윤신달(尹莘達), 최준옹(崔俊邕), 문다성(文多省), 이능희(李能希), 이도(李棹), 허선문(許宣文), 구존유(具存裕), 원극유(元克猷), 금용식(琴容式), 김훤술(金萱術), 한란(韓蘭), 강여청(姜餘清), 손긍훈(孫兢訓), 방계홍(房係弘), 나총례(羅聰禮), 이희목(李希穆), 염형명(廉邢明), 최필달(崔必達), 김홍술(金弘述), 김락(金樂) 등이다. 또 무신 집권 때 벽상공신 칭호가 내린 인물은 정중부(鄭仲夫) · 이의방(李義方) · 이고(李高) 3인이다. 이들 3인이 중심이 되어 1170년(의종 24) 이른바 정중부의 난을 일으킨 뒤, 사흘 만에 의종을 거제도로 내쫓고 명종의 동생 호(晧)를 왕으로 추대하였는데, 이가 바로 명종이다.

벽상공신은 명종이 즉위하면서 이들 3인의 초상을 그려 조정의 벽에 붙인 데서 연유한다. 고려 때 책록된 공신호로는 위사전망공신(衛社戰亡功臣) · 호종공신(扈從功臣) · 수종공신(隨從功臣) · 삼한공신(三韓功臣) 등이 있다.

위사전망공신은 국가와 사직을 위해 공을 세웠거나, 전쟁이나 군사로서 탁월한 공을 세운 자에게 책록한 공신으로, 고려 때 법제적 공신의 중핵을 이룬다. 고려 태조 때 김락(金樂) · 김철(金哲) · 신숭겸 등이 이 공신에 책록되었다. 호종공신은 거란이 침입했을 때 현종을 호종한 자에게 책봉한 공신이다. 수종공신 · 시종공신 등으로 표기되기도 하며 강감찬(姜邯贊) 등이 책록 되었다. 수종공신은 1282년(충렬왕 8) 이후 연행시종(燕行侍從)의 공이 있는 자에게 책봉한 공신이다.

그러나 이때에 많은 인원을 일시에 공신으로 삼아 종래까지 공이 있더라도 제한을 두어 소수의 공신만을 책봉하던 전통이 무너지기 시작하였다. 또, 고려시대 삼한공신이라는 훈호가 널리 호칭되었는데, 이는 고려의 공신에 대한 집단을 호칭하던 용어였다. 광의로는 고려시대의 정제(正制)의 공신 모두를 표현한 경우가 있고, 일반적으로는 고려 태조 때의 공신을 칭하고 있다.

고려시대의 공신 전반을 호칭할 때 일반적으로 삼한공신 · 삼한벽상공신 등 그 호칭이 다양하다. 고려 초 녹권(錄券)을 주어 공신 증명으로 했으나 말기의 중흥공신(中興功臣)에게는 녹권 이외에도 따로 교서(敎書)를 주었다.

씨족사(氏族史)의 개요(槪要)

안동시(安東市)

안동(安東)(신(新))김씨(金氏)는 고려 태조 때의 개국공신인 김선평(金宣平)을 시조로 하는 성씨이다.

김선평(金宣平)은 후삼국시대에 고창군(古昌郡)(안동(安東)의 신라말 이름)의 성주(城主)였다. 후삼국시대는 후백제가 고려와 쟁패를 겨루고 있었으며, 중앙정부의 통치력이 미치지 않는 지방의 호족들이 성주(城主)·장군(將軍)을 자칭하며 행세하고 있었다.

930년(경순왕 4년, 고려 태조 13년)에 있었던 고창군(古昌郡)에서의 싸움은 수세에 있는 왕건의 고려를 후백제에 비해 우세한 위치에 서게 하는 결정적인 싸움이었다. 고창(古昌)싸움 이후 고려는 지방호족세력을 포섭, 후삼국통일의 위업을 이룰 수 있었다.

이 고창(古昌)싸움에서 태조 왕건측이 승리하는데 결정적 기여를 한 인물이 고창군(古昌郡)의 성주(城主)였던 김선평(金宣平)·권행(權幸)·장길(張吉)이었다. 이 공에 의해 김선평(金宣平)은 아부공신(亞父功臣), 권행(權幸)과 장길(張吉)은 공신(功臣)이 되고 세사람 모두 공신당벽상(功臣堂壁上)에 도화(圖畵)되었다. 왕건은 김선평(金宣平)을 대광(大匡), 권행(權幸)·장길(張吉)을 대상(大相)의 위계에 올려주고 고창군(古昌郡)을 승격시켜 안동부(安東府)로 하였다.

김선평(金宣平)·권행(權幸)·장길(張吉)은 각각 안동김씨(安東金氏), 안동권씨(安東權氏), 안동장씨(安東張氏)의 시조가 된다. 세 성씨는 이후 계속 안동(安東)의 대표적인 성씨로, 곧 안동의 지방세력의 향민(鄕民)을 실질적으로 지배하면서 그 세력을 유지해왔다.

시조(始祖) 이하 세계변천(世系變遷)

시조 김선평(金宣平) 이하의 세계(世系)는 실전(失傳)되어 알 수 없다. 안동김씨(安東金氏)에서는 공수부정(公須副正)을 지낸 김습돈(金習敦)을 1세조(世祖)로 기세(起世)하고 있다. 안동(安東)(신(新))김씨(金氏)는 10세조 김계권(金係權)의 후손이 판관공파(判官公派)로 분파(分派)되었는데, 그 후손에서 다시 김영전(金永銓)의 후손이 감찰공파(監察公派), 김영균(金永勻)의 후손이 진사공파(進士公派), 김영추(金永錘)의 후손이 부사공파(副使公派), 김영수(金永銖)의 후손이 장령공파(掌令公派)로 세분되었다. 감찰공(監察公) 김영전(金永銓)의 후손 김홍(金弘)·김등(金登)·김응(金)의 후손에서 다시 분파(分派)되었는데, 이 이하는 생략한다.

10세조 김계행(金係行)의 후손은 정헌공파(定獻公派)로 분파(分派)되었는데, 그 후손에서 다시 김극인(金克仁)의 후손이 참봉공파(參奉公派), 김극의(金克義)의 후손이 진사공파(進士公派), 김극례

(金克禮)의 후손이 생원공파(生員公派), 김극지(金克智)의 후손이 학생공파(學生公派), 김극신(金克信)의 후손이 군수공파(郡守公派)로 나누어졌다.

9세조 김삼익(金三益)의 후손은 어담공파(漁潭公派)로 나누어졌다. 김삼우(金三友)에게는 네 아들이 있는데, 김맹귀(金孟龜)의 후손이 계공랑공파(啓公郎公派), 김중귀(金仲龜)의 후손이 중파(仲派), 김숙귀(金叔龜)의 후손이 숙파(叔派)이고, 김계귀(金季龜)의 후손이 등암공파(藤菴公派)이다.

계공랑공파(啓公郎公派)는 다시 김시좌(金時佐)의 후손이 참봉공파(參奉公派), 김시량(金時亮)의 후손이 참봉공파(參奉公派), 김시우(金時佑)·김이려(金以礪)의 후손이 각각 생원공파(生員公派)로 나누어졌다. 등암공파(藤菴公派)는 김엄(金淹)의 후손이 습독공파(習讀公派), 김창(金淐)의 후손이 첨사공파(僉使公派), 김락(金洛)의 후손이 항재공파(恒齋公派), 김치림(金致林)의 후손이 목사공파(牧使公派)이다. 김언적(金彦迪)의 후손이 참봉공파(參奉公派), 김준(金浚)의 후손이 국헌공파(菊軒公派), 김수정(金遂晶)의 후손이 학생공파(學生公派)이다.

6세조 김처상(金處商)의 후손은 호장공파(戶長公派)이다. 7세조 김지철(金之哲)의 후손이 다시 현감공파(縣監公派)로 분파되었다. 김원수(金元水)의 후손은 사헌공파(司憲公派)이며, 5세조 김열(金烈)의 후손이 사과공파(司果公派)이다.

2세조인 김여중(金呂重)의 후손은 선군공파(選軍公派)인데, 그 4세손인 김용(金龍)의 후손이 판관공파(判官公派), 김학(金鶴)의 후손이 시중공파(侍中公派)로 나누어졌다.

세계변천표

10세 판관공파 (判官公派) 계권(係權)	11세 감찰공파 (監察公派) 영전(永銓)	12세 학생공파(學生公派) 호(琥)	
		12세 장사랑공파(將仕 郎公派) 헌(王獻)	
		13세 진사공파 (進士公派) 홍(弘)	
		13세 진사공파 (進士公派) 등(登)	
		13세 구애공파 (龜厓公派) ( )	
	11세 진사공파 (進士公派) 영내(永내)		
	11세 부사공파 (府使公派) 영추(永錘)		
	11세 장령공파 (掌令公派) 영수(永銖)		

		12세 삼당공파 (三塘公派) 영(瑛)	14세 증승지공파 (贈承旨公派) 규보(奎報)
			14세 목사공파 (牧使公派) 성보(星報)
			15세 승의랑공파(承議郎公派) 극(克)
			15세 증승지공파(贈承旨公派) 태(兌)
			15세 춘당공파 (春塘公派) 원(元)
			14세 봉사공파(奉事公派) 지효(至孝)
			14세 통훈공파 (通訓公派) 정보(政報)
		12세 서윤공파 (庶尹公派) 번(王番)	15세 문정공파 (文正公派) 상헌(尙憲)
			15세 휴암공파 (休庵公派) 상준(尙寯)
			15세 문충공파 (文忠公派) 상용(尙容)

			15세 부사공파 (府使公派) 상관(尙寬)
			15세 부윤공파 (府尹公派) 상복(尙宓)
			14세 학생공파 (學生公派) 선효(善孝)
		12세 진사공파 (進士公派) 순(珣)	13세 사직영공파(社稷令公派) 생하(生河)
			13세 눌제공파 (訥薺公派) 생명(生溟)
			원천공파 (源泉公派) 달행(達行)
10세 정헌공파 (定獻公派) 계행(係行)	11세 참봉공파 (参奉公派) 극인(克仁)		
	11세 진사공파 (進士公派) 극의(克義)		
	11세 생원공파 (生員公派) 극례(克禮)		

	11세 학생공파(學生公派) 극지(克智)		
	11세 군수공파 (郡守公派) 극신(克信)		
9세 어담공파 (漁潭公派) 삼익(三益)			
10세 계공랑공파 (啓功郎公派) 맹구(孟龜)	12세 참봉공파 (參奉公派) 시좌(時佐)		
	12세 참봉공파(參奉公 派) 시량(時亮)		
	12세 생원공파 (生員公派) 시우(時佑)		
	11세 생원공파 (生員公派) 이려(以礪)		
10세 중파(仲派) 중구(仲龜)			
10세 숙파(叔派) 숙구(叔龜)			
10세 등암공파(藤菴公 派) 계구(季龜)	13세 습독공파 (習讀公派) 엄(淹)		

	13세 첨사공파 (僉使公派) 온(溫)		
	13세 항제공파 (恒薺公派) 낙(洛)		
	13세 낙와공파(樂窩公派) 치림(致林)		
7세 참봉공파 (參奉公派) 언적(彦迪)	15세 별장공파 (別將公派) 홍(洪)	계공랑공파 (啓功郎公派) 지형(之炯)	
		증참의공파 (贈參議公派) 지찬(之燦)	
		자헌공파 (資憲公派) 지병(之炳)	
	15세 국헌공파 (菊軒公派) 준(浚)		
	15세 학생공파 (學生公派) 수정(遂晶)		
7세 현감공파 (縣監公派) 지철(之哲)			
6세 호장공파 (戶長公派) 처상(處商)			

6세 사헌공파 (司憲公派) 원수(元水)			
5세 사과공파 (司果公派) 열(烈)			
2세 선군공파 (選軍公派) 여중(呂重)	6세 판관공파 (判官公派) 용(龍)		
	6세 시중공파 (侍中公派) 학(鶴)		

안동김씨 세계분파도(安東金氏 世系分派圖)

시조	1세	2세	3세	4세	5세	6세	7세	8세	9세	10세	11세	12세	13세	14세	15세	16세	17세
金宣平 김선평	習敦 습돈	呂基 여기	南秀 남수	熙 희	資 자	斤重 근중	得雨 득우	革 혁	三近 삼근	係權 계권 判官公派	學祖 학조 出家 등곡대사(燈谷大師)						
											永銓 영전 監察公派	珽 정	弘 홍 진사공				
													登 등 진사공				
													膺 응 구애				

공

琥 호학생공

璋 장 ? 환장사랑공

永匀 영균 進士公派

永鍾 영추 副使公派

	12세	13세	14세	15세	16세
永	瑛	生	奎		

報규 보 증승지공

洛생 락

영

銖영수 掌令公派

箕報 기보

克극 승의랑공

兌태 증승지공

元원 춘당공

星報 성보목

12세	13세	14세		16세
		사공		
	生漢 생한	至孝 지효 봉사공		
		政報 정보 통훈공		
王番 번	生海 생해	大孝 대효	尙憲 상헌 문정공	
		元孝 원효	尙儁 상준 휴암	

공

尙容 상용 문충공

克孝 극효

尙寬 상관 부사공

尙? 상건

尙宓 상복 부윤공

善孝 선효 학

20세

達行 달행 원천공

생공

生河 생하사직령공

生溟 생명눌제공

珣 순

11세

克仁 극인 參

10세

係行 계행 定

獻公派

奉公派

克義 극의 進士公派

克禮 극례 生員公派

克智 극지 學生公派

克信 극신

9

세

三益삼익漁潭公派

三友삼우주부공

10세

孟龜맹구啓公郎公派

郡守公派

11세

用礪용려

12세

時佐시좌參奉公派

時亮시양參奉公派

時

佑시우生員公派

元生원생

以礪이려생원공

仲龜중구中派

叔龜숙구淑派

13세

季	玉	敬	适

								8세	9세	10세	11세	12세		14세	15세	16세	17세
										龜계구	璘옥린	祖경조	괄				
										藤菴公派			俺엄習讀公派				
													溫온僉使公派				
													洛락恒齋公派				
											石璘석린	晃明황명	致林치림牧使公派				

漢鳴 한명호군공	得慶 득경	信弘 신홍	景祐 경우	文明 문명	麒 기	餘慶 여경	積 적	軌 궤	生 생예의소승공
崇鐵 숭철부사공	聲德 성덕	信香 신향							
義鐵 의철참의공									
	聲勳 성훈감찰공								
			景						

7세	8세	9세	10세	11세	12세	13세	14세	15세	16세	20세
		琛 침생원공			麟 린계공랑공		祿 경록첨사공			
彥迪 언적 參奉公派	賢器 현기	謹 근	信 신	廉 렴	璜 황	勝 승	存水 존수	洪 홍별장공		之炯 지형계공랑공
										之燦 지찬

증참의공 之炳 지병 자헌공

浚 준 菊軒公派

遂晶 수정 學生公派

潤晶 윤정

存善 존성

14

7세

之哲

세

6세

지철 縣監公派

處商 처상 戶長公派

5세

元水 원수 司憲公派

烈 열 司果公派

龍 용

深 심

銶 구

塏 개

呂重

		여중選軍公派				判官公派											
						鶴학侍中公派											
		2세	3세	4세	5세												

항렬표

22세	23세	24세	25세	26세	27세	28세
순(淳)	근(根)	병(炳)	규(圭)	진(鎭)	한(漢)	동(東)
29세	30세	31세	32세	33세	34세	35세
현(顯)	년(年)	일(鎰)	구(求)	모(模)	연(然)	배(培)
36세	37세	38세	39세	40세	41세	42세
선(銑)	원(源)	영(榮)	사(思)	준(埈)	선(善)	택(澤)
43세	44세	45세				
식(植)	환(煥)	철(喆)				

계파 : 지철파, 원수파, 열파

주요 시향일(時享日)

재 명	시 향 일	소 재 지
태장소(台庄所) 시조(始祖) 태사공(太師公) 휘 선평묘단(宣平墓壇)	음력 10월 10일	안동시 서후면 태장리
소요소(逍遙所) 전농정공(典農正公) 휘 득우(得雨)	음력 10월 11일	안동시 풍산읍 상리
오례소(五禮所) 전농정공배위류씨부인(典農正公配位柳氏夫人)	음력 10월 11일	안동시 풍산읍 수리
시묘소(侍墓所) 봉례랑공(奉禮郎公) 휘 혁(革)	음력 10월 11일	안동시 풍산읍 상리
직곡소(稷谷所) 비안공(比安公) 휘 삼근(三近), 정헌공(定獻公) 휘 계행(係行)	음력 10월 12일	예천군 호명면 직산리
역동소(역동소) 판관공(判官公) 휘 계권(係權), 감찰공(監察公) 휘 영전(永銓), 진사공(進士公) 휘 영균(永句), 부사공(府使公) 휘 영추(永錘), 장령공(掌令公) 휘 영수(永銖), 창균공(蒼均公) 휘 기보(箕報), 승의랑공(承議郎公) 휘 극(克), 증승랑공(贈承旨公) 휘 태(兌)	음력 10월 12일	안동시 풍산읍 소산리

교하소(交河所) 삼당공(三塘公) 휘 영(瑛), 별제공(別提公) 휘 생락(生洛)	음력 10월 1일	파주시 탄현면 낙하리
석실소(石室所) 서윤공(庶尹公) 휘, 신천공(信川公) 휘 생하(生海), 삼가공(三嘉公) 휘 대효(大孝), 증판서공(贈判書公) 휘 원효(元孝), 돈녕도정공(敦寧都正公) 휘 극효(克孝), 문정공(文正公) 휘 상헌(尙憲), 문충공(文忠公) 휘 상용(尙容)	음력 10월에 관련된 제 2일요일	남양주시 와부면 덕소리 석실
대명당소(大明堂所) 낙애공(洛涯公 휘 희맹(希孟), 남애공(南涯公) 휘 , 북애공(北涯公) 휘 예(譽)	음력 10월 13일	안동시 남후면 하아동
휴암공묘소(休庵公墓所) 휘 상준(尙寯)	음력 10월에 관련된 제 2일요일	남양주시 와부면 율석리
수북공묘소(水北公墓所) 휘 광현(光炫)	음력 10월 15일	홍성구누 고도면 산촌리 갈산

가문(家門)의 중흥(中興)과 벌열(閥閱)

그러나 안동(安東)(신(新))김씨(金氏)가 한반도의 대표적인 벌족으로 성장한 것은 조선 초기 10세 김계행(金係行)이 조정에 출사를 시발로 하여 대사간, 대사헌, 대사성 등을 지내며 (후에 贈吏曹判書) 문호를 열고 유언(遺言)으로 오가무보물 보물유청백(吾家無寶物 吾家有淸白) 즉 내집에 보물은 없다. 다만 보물이 있다면 청백뿐이다 라는, 가훈(家訓) 시를 남기면서 학통(學統)을 종손(從孫) 김영(金瑛)이 잇고 그 아우 김반(金璠)의 증손(曾孫) 우의정을 지낸 김상용(金尙容)은 병자호란 때 순국한 충신이고 그 동생 김상헌(金尙憲)은 청나라에 인질로 잡혀가서 끝내 뜻을 굽히지 않은 충절로 뒤이어 많은 문무신과 학자들을 배출하게 되었다. 조선후기 순조조 이후는 이른바 안동김씨(安東金氏)세도정치를 한 시기였다. 11살 어린 나이로 순조가 즉위하게 되고, 선왕(先王)인 정조의 고명(顧命)을 받은 김조순(金祖淳)이 국정을 총괄하게 되면서 안동김씨(安東金氏) 50여년간의 세도정치가 시작된 것이다.

안동김씨(安東金氏)의 인물로 조선조 중기 이전에 관직에 나아간 자로는 대사간(大司諫)을 지낸 김계행(金係行), 병조판서(兵曹判書)를 지낸 김치(金峙), 강원도관찰사를 지낸 김영(金瑛), 승지(承旨)를 지낸 김중청(金中淸) 등이 있을 뿐으로, 명문벌족으로는 자리잡지 못했다. 그러다가 안동김씨(安東金氏)가문이 중앙무대에서 명문(名門)으로 두각을 나타낸 것은 조선조 중엽, 광해군 때 김극효(金克孝)가 좌의정 정유길(鄭惟吉)(東萊鄭氏)의 사위가 되면서부터다. 정유길(鄭惟吉)의 한 딸은 광해군(光海君)의 장인인 유백신(柳白新,

문화유씨(文化柳氏))에게 시집가 김극효(金克孝)는 유백신(柳白新)과는 동서간이 된다.

조선조에 안김(安金)은 15명의 정승, 35명의 판서, 6명의 대제학, 3명의 왕비를 내어 최고가문으로서의 위치를 굳혔다. 그러나 때로는 당쟁의 와중에서 서인(西人) 노론(老論)에 속했던 안동김씨(安東金氏)는 몇 차례의 사화(士禍)에서 내쫓겨 김수항(金壽恒)·김창집(金昌集) 부자가 사약을 받는 등 영화와 비운이 엇갈리기도 하였다.

김극효(金克孝)의 아들인 선원(仙源) 김상용(金尙容)과 청음(淸陰) 김상헌(金尙憲)은 나란히 정승에 올랐다. 선원은 선조 23년 증광문과(增廣文科)에 급제, 검열(檢閱)에 등용되고, 이어 병조좌랑(兵曹佐郞), 정언(正言), 수찬(修撰), 응교(應敎) 등을 거쳐 광해군 때 도승지(都承旨), 대사헌(大司憲), 형조판서(刑曹判書)를 지냈다. 1623년 인조반정 후 서인(西人)의 한 사람으로서 판돈녕부사(判敦寧府事)를 거쳐 예조(禮曹)·이조(吏曹)의 판서(判書)를 역임하고 1627년 정묘호란(丁卯胡亂) 때는 유도대장(留都大將)으로 있었다. 1632년 우의정에 임명되자 거듭 사임할 것을 청하여 허락을 받았다. 1636년 병자호란(丙子胡亂) 때 왕족을 시종하고 강화(江華)로 피난하다가 다음해 강화성(江華城)이 함락되자 화약에 불을 질러 자살했다. 글씨에 뛰어났고 시조(時調)로 유고(遺稿)에 오륜가(五倫歌) 5편, 훈계자손가(訓戒子孫歌) 9편, 그밖에 '가곡원류(歌曲源流)' 등에 여러 편이 있다.

김상헌(金尙憲)은 대표적인 청백리로 병자호란(丙子胡亂)의 국난에 청(淸)과의 강화를 끝까지 반대하다가 심양(瀋陽)에 잡혀가 6년간 유폐생활을 하기도 했던 충절(忠節)의 신하로서, '가노라 삼각산아 다시 보자 한강수야…'의 시조로 널리 알려진 인물이다. 선조

29년 정시문과(庭試文科)에, 광해군즉위(光海君卽位)년에 문과중시(文科重試)에 급제하고 정언(正言), 직제학(直提學) 등을 거쳐 도승지(都承旨), 대사헌(大司憲), 대제학(大提學), 예조(禮曹)·공조(工曹)·형조(刑曹)·이조(吏曹)의 판서(判書)를 역임했다. 1636년 병자호란(丙子胡亂) 때 예조판서(禮曹判書)로서 척화(斥和)를 주장하였는데 다음해 강화(講和)가 성립되자 파직되었다.

1639년 청(清)나라에서 명(明)나라를 공격하기 위해 요구한 출병(出兵)을 반대하는 상소(上疏)를 올려 다음해 심양(瀋陽)으로 잡혀갔다. 1642년 의주(義州)에 돌아왔으나, 명(明)나라와 밀무역을 하다가 청(清)나라에 잡혀갔던 이계(李)가 조선이 명(明)을 숭배하고 청(清)을 배척한다고 고해바쳐 최명길(崔鳴吉)·이경여(李敬與) 등과 함께 다시 심양(瀋陽)에 잡혀갔다. 1645년 석방되어 귀국 후 좌의정(左議政), 영돈녕부사(領敦寧府事) 등을 역임했다. 숭명파(崇明派)로 절의(節義)가 있어 당시 사림(士林)들의 신망을 받았다. 효종의 묘정에 배향되었다.

김수항(金壽恒)·김창집(金昌集) 부자는 현종~숙종연간의 당쟁기간 중 모두 영의정(領議政)에까지 오르기도 하였으나, 동시에 당쟁으로 죽게 된 인물이다.

김수항(金壽恒)은 인조 24년 사마시(司馬試)를 거쳐 1651년 알성문과(謁聖文科), 1656년 문과중시(文科重試)에 급제하였다. 정언(正言), 교리(校理) 등 여러 청환직(淸宦職)을 거쳐 1659년 승지(承旨)가 되었다. 다음해 자의대비(慈懿大妃)의 복상(服喪)문제로 제1차 예송(禮訟)이 일어나자 서인(西人)으로 송시열(宋時烈)과 함께 남인(南人) 허목(許穆)·윤선도(尹善道)의 3년설(年說)을 누르고 기년설(朞年說)을 주장하여 서인(西人)이 승리하게 했다. 1661년 이조참판(吏曹參判)이 되고, 예조판서(禮曹判書), 대사헌(大司憲), 이조판서(吏曹判書) 등을 거쳐 1672년 우의정(右議政)이 되었다.이어 좌의정(左議政)을 지내고, 다음해 판중추부사(判中樞府事)가 되어 사은사(謝恩使)로 청(淸)나라에 다녀왔다.

1674년 효종비(孝宗妃) 인선왕후(仁宣王后)가 죽었을 때 자의대비(慈懿大妃)의 복상(服喪)문제로 제2차 예송(禮訟)이 일어나자 김수흥(金壽興)과 함께 대공설(大功說)을 주장했으나 남인(南人)이 주장한 기년설(朞年說)이 채택되자 벼슬을 내놓았다. 1675년 왕(王)의 부름으로 다시 좌의정(左議政)이 되고, 뒤에 영의정(領議政)에 이르렀다. 남인(南人)에 대한 강경 · 온건파로 서인(西人)이 분열되자 송시열(宋時烈)을 중심으로 한 노론(老論)에 소속되었는데, 1689년 기사환국(己巳換局)으로 남인(南人)이 재집권하자 진도(珍島)에 유배된 후 사사(賜死)되었다. 현종의 묘정(廟廷)에 배향되었다.

김창집(金昌集)은 1689년 기사환국(己巳換局) 때 아버지 김수항(金壽恒)이 진도(珍島)의 유배지에서 사사(賜死)되자 영평(永平)산속에 들어가 나오지 않았다.

1694년 갑술옥사(甲戌獄事)로 정국이 바뀌자 복관(復官)되었으나 취임하지 않았다. 뒤에 강화부유수(江華府留守), 예조참판(禮曹參判), 개성부유수(開城府留守), 호조(戶曹) · 이조(吏曹) · 형조(刑曹)의 판서(判書)를 지냈다. 1705년 지돈녕부사(知敦寧府事)를 거쳐 다음해 한성부판윤(漢城府判尹) · 우의정(右議政), 이어 좌의정(左議政)을 지내고, 1712년 영의정(領議政)에 올랐다. 숙종 말년 세자(世子)의 대리청정(代理聽政)을 주장하다가 소론(少論)에게 탄핵받았고, 숙종이 죽은 뒤 원상(院相)으로서 서정(庶政)을 맡았다. 경종이 즉위하자 노론(老論)의 대신(大臣)들과 합의, 왕세제(王世弟)(영조)

의 책봉을 상소하여 이를 시행케 했다. 1721년(경종1) 다시 세제(世弟)의 대리청정(代理聽政)을 상소하여 시행케 했으나, 조태억(趙泰億) 등의 반대로 대리청정의 결정이 철회되자 치사(致仕)했다. 이어 소론(少論)의 목호룡(睦虎龍) 등이 노론(老論)이 반역을 도모한다고 고발, 일대 옥사(獄事)(신임사화(申壬士禍))가 일어나자 거제도(巨濟島)에 안치(安置), 다음해 사사(賜死)되었다. 1724년 영조가 즉위한 뒤 관작이 복구되고, 후에 영조의 묘정(廟廷)에 배향되었다.

김이소(金履素)는 영조 40년 충량정시문과(忠良庭試文科)에 급제, 관직에 나아가 정조 16년 우의정이 되었고, 이어 좌의정, 영돈녕부사(領敦寧府事)에 이르렀다. 김이교(金履喬)는 정조 13년 식년문과(式年文科)에 급제하고, 대사헌(大司憲), 도승지(都承旨), 한성부판윤(漢城府判尹), 이조판서(吏曹判書)·평안도관찰사(平安道觀察使)를 거쳐 공조(工曹)·형조(刑曹)·공조(工曹)·예조(禮曹)의 판서(判書)를 역임했다. 1831년 우의정(右議政)에 올랐는데 이때 영의정(領議政), 좌의정(左議政)이 모두 공석중이므로 한때 국정을 도맡아 책임졌다.

김조순(金祖淳)은 김창집(金昌集)의 현손이다. 정조의 고명(顧命)을 받아 순조 즉위 후 국정을 총괄했고 총융사(摠戎使), 양관대제학(兩館大提學) 등을 역임했다. 순조 2년 딸이 순조비(純祖妃)로 봉해지자 영돈녕부사(領敦寧府事)가 되고 영안부원군(永安府院君)에 봉해졌으며, 철종 대의 안동김씨(安東金氏) 세도정치의 기초를 마련했다. 문장(文章)에 능하고 죽화(竹畵)를 잘 그렸다. 정조의 묘정(廟廷)에 배향되었다.

이후 흥선대원군이 등장할 때까지 안동김씨가(安東金氏家)에서는 김조근(金祖根)의 딸 헌종비(헌종비), 김문근(金汶根)의 딸 철종비

(철종비)를 배출하면서 10촌안팎의 현제, 조카가 국정을 장악했으니 김조순(金祖淳)의 아들 김좌근(金左根)을 비롯하여 김흥근(金興根), 김병국(金炳國), 김병학(金炳學), 김병시(金炳始) 등이 돌아가며 영의정에 올랐다.

김조근(金祖根)은 음보(蔭補)로 광주부판관(廣州府判官)을 거쳐 헌종 3년 일약 승지(承旨)에 승진, 딸이 헌종(憲宗)의 비(妃)로 책봉되자 영흥부원군(永興府院君)에 봉해지고 영돈녕부사(領敦寧府事)에 올랐다. 이어 어영대장(御營大將), 호위대장(扈衛大將), 주사대장(舟師大將) 등을 역임, 당시 새로 대두한 풍양조씨(豊壤趙氏) 세력과 함께 왕실(王室)의 외척(外戚)으로서 쌍벽을 이루었다.

김문근(金汶根)은 헌종 7년 음보(蔭補)로 가감역(假監役)이 된 뒤 현감(縣監)을 지내고, 철종 2년 그의 딸이 왕비(王妃)로 책봉되자, 임금의 장인으로서 영은부원군(永恩府院君)이 되었다. 그후 금위대장(禁衛大將), 총융사(摠戎使), 훈련대장(訓鍊大將) 등의 요직(要職)을 지냈으며 돈녕부사(敦寧府事)에 이르렀다.

김좌근(金左根)은 안동김씨(安東金氏) 세도정치(勢道政治)의 중추적 인물로서 음보(蔭補)로 상의원첨정(尙衣院僉正)이 되었다. 1839년 대사성(大司成)을 거쳐 1842년 이조판서(吏曹判書), 대사헌(大司憲), 병조판서(兵曹判書)를 역임했다. 우참찬(右參贊), 금위대장(禁衛大將), 공조판서(工曹判書)를 거쳐 1852년 우의정(右議政)을 지내고, 다음해부터 1863년까지 영의정(領議政)에 세 번 보직되어, 세도(勢道)를 누렸다. 1862년 이정청(釐整廳)이 설치되자, 총재관(摠裁官)이 되었으며, 1868년 삼군부(三軍府)가 설치되자 영삼군부사(領三軍府使)가 되었다.

김흥근(金興根)은 철종 2년 좌의정(左議政)이 되고, 다음해 영의정(領議政)에 올랐다. 1864년 '철종실록(哲宗實錄)' 편찬 때 지실록사(知實錄事)가 되고 다음해 영돈녕부사(領敦寧府事)로서 치사(致仕)했다.

김병학(金炳學)은 철종 4년 정시문과(庭試文科)에 급제한 후 고종 2년 이조판서(吏曹判書)에서 좌의정(左議政)으로 승진, 실록총재관(實錄總裁官)으로 '철종실록(哲宗實錄)'을, 조두순(趙斗淳) 등과 함께 산집소총재관(算輯所總裁官)이 되어 '대전회통(大典會通)'을 각각 완성했다. 보수파의 척화론자(斥和論者)로서 천주교(天主敎) 탄압을 적극 주장했고, 영의정(領議政)을 거쳐 1875년 영돈녕부사(領敦寧府事)가 되어 한일수호조약(韓日修好條約)의 체결을 극력 반대했다.

김병시(金炳始)는 철종 6년 정시문과(庭試文科)를 거쳐 관직에 나아갔다. 임오군란(壬午軍亂)으로 대원군(大院君)이 재집정(再執政)했을 때 지삼군부사(知三軍府使)가 되었다. 1884년 김옥균(金玉均) 등의 개화파가 일본세력을 등에 업고 갑신정변(甲申政變)을 일으키자 청(淸)나라의 세력을 끌어들여 개화파를 몰아내고 수구파 중심의 내각(內閣)을 조직, 외무아문독변(外務衙門督辨)이 되어 전권대신(全權大臣)으로 이탈리아·영국(英國)·러시아와 수호통상조약(修好通商條約)을 체결했다. 우의정(右議政)을 거쳐 좌의정(左議政)이 되고, 1894년의 동학혁명(東學革命) 때 청일양군(淸日兩軍)의 개입을 극력 반대했으나 뜻을 이루지 못했다. 영의정(領議政)에 이르렀으나 청일전쟁(淸日戰爭)이 일어나자 사임하고, 뒤에 중추원(中樞院) 의장(議長)이 되었다. 1896년 아관파천(俄館播遷)으로 왕(王)과 왕세자(王世子)가 러시아 공관(公館)으로 들어간 직후 친로파(親露派) 중심의 내각(內閣)이 조직되어 내각총리대신(內閣總理大臣)에 임명되었으나 취임하지 않았다. 수구파로서 끝까지 개국

(開國)을 반대했고, 1895년의 단발령(斷髮令)에도 특진관(特進官)으로 있으면서 반대했다.

김병연(金炳淵)은 방랑시인 김삿갓으로 알려진 인물이다. 선천부사(宣川府使) 김익순(金益淳)의 손자이다. 1811년(순조 11년) 평안도지방에서 홍경래 등이 중심이 된 농민반란이 일어났을 때 그의 조부가 반란군에 항복하여 가문이 적몰되었다. 이에 굴욕을 느껴 벼슬을 단념하였으며, 삿갓을 쓰고 죽장을 짚고 방랑생활을 하였다. 풍자·해학으로 퇴폐해가는 세상을 개탄, 저주·조소하는 기발한 시구(詩句)를 가는 곳마다 쏟아놓으며 세월을 보냈다. 많은 한시가 구전되고 있다.

한말, 일제하의 인물로는 김옥균(金玉均)과 김좌진(金佐鎭)을 들 수 있다.

김옥균(金玉均)은 고종 9년 문과에 급제, 옥당승지(玉堂承旨)를 거쳐 호조참판에 이르렀다. 일본에 건너가 제도와 문물을 시찰하고, 임오군란이 일어난 뒤에 수신사(修信使) 박영효(朴泳孝), 부사 김만식(金晩植) 일행의 고문으로 일본에 들어가 활약하였다. 김옥균, 박영효, 홍영식, 서광범 등과 협력하여 독립당을 조직하고, 국정을 개혁하여 낡은 폐습을 타파, 곧 '개화'하려고 하였다. 일본의 지지를 배경으로 갑신정변을 일으켜 수구파의 정부를 무너뜨리고 신정부를 조직, 호조참판 겸 혜상공국당상(惠商公局堂上)이 되었다. 청나라 주둔군의 방해로 3일만에 일이 실패로 돌아가자 일본으로 망명, 이와타(암전주작(岩田周作))라 변명하고 여러곳을 전전하면서 10년을 지냈다. 그후 청나라 세력으로 뜻을 이루어보려고 상해로 건너갔으나 1894년 3월 28일 상해에서 홍종우에게 살해되었다. 조정에서는 반역죄로 몰아 양화진에서 시체를 찢는 극형에 처하였으나, 이듬 해에 새로운 내각이 들어서자 법무대신 서광범, 총리대신 김홍집의 상소로 죄명을 벗고 관직이 회복되었다. 순종 때에는 규장각 대제학에 추증을 받고 관리를 보내서 제사지내는 대우까지 받았다.

김좌진(金佐鎭)은 홍성에 사립호명교(私立湖明校)를 설립, 광복단 사건으로 3년간 옥고를 겪었다. 청년 학우회 회원, '한성일보(漢城日報)'이사로 있다가 3·1운동 때 만주로 건너가 북로군정서(北路軍政署)를 조직하고 총사령이 되었다. 사관연성부(士官鍊成部)를 설치하여 독립군 간부를 양성했다. 1920년 9월 청산리작전에서 이범석(李範奭), 나중소(羅仲昭) 등과 함께 일본군을 대파하였고, 1925년 6월 호림(虎林)에서 다시 재기하려다가 실패하였다. 1925년 김혁(金赫)과 함께 신민부(新民府)를 조직하여 총사령이 되었으며, 1927년 중국 구국군사령관 양우일(楊宇一)과 함께 공동전선을 펴기로 하고 한·중연합군을 조직하였으나, 군벌 장작림(張作霖)의 탄압으로 실패하였다.

1930년 정신(鄭信), 민무(閔武), 이붕해(李鵬海) 등과 함게 한족(韓族) 총연합회를 조직하고 수석에 취임했으나 1930년 1월 자객에 살해되었다.

1962년 3월 1일 대한민국 건국공로훈장 중장(重章)을 받았다.

.주요 세거지(世居地)와 변천

'갑자보(甲子譜)'를 보면 8세 김혁(金革) 이래로 경북 안동군(安東郡) 일원을 안동김씨(安東金氏)의 세장지지(世葬之地)로 삼고 있으나, 관향(貫鄕)인 안동(安東)에 터를 잡고 세거하게 된 것은 그 이전부터라고 믿어진다.

11세 김영전(金永銓)의 자손들은 김영전(金永銓)의 조부(祖父) 김삼근(金三近)의 대 이래로 안동(安東)의 소산(素山)에서 살면서 의성(義城)·예천(醴泉)·영풍(榮豊)·봉화(奉化)·영덕(盈德) 등 경북 일원에 나뉘어 터를 잡았던 것 같다.

김영전(金永銓)의 동생 김영균(金永勻)의 자손들은 김영균(金永勻)의 둘째 아들 김환(金)의 후계(後系)가 의성(義城)에서 살았고, 16세 김치문(金致文)의 후계(後系)는 상주(尙州)에 살았으며, 그밖에 22세 김유순(金儒淳) 이래로 일부가 울진(蔚珍)에, 23세 김수근(金秀根) 이래로 선산(善山)에 정착하였던 것으로 보인다. 그리고 김영추(金永錘)의 자손들은 예천(醴泉)과 의성(義城)에 많이 살았다.

11세 김영수(金永銖)의 자손들 중에서 12세 김영(金瑛)의 후계는 15세 김양(金樑)의 대를 전후하여 지금의 경기도 파주(坡州)·교하(交河)에 살게 되었고, 다시 17세 김중현(金重鉉)의 대 이후에 전북 정읍(井邑)·순창(淳昌)·담양(潭陽)·고창(高敞) 등지로 산거해갔다.

또한 12세 김번(金)의 후계(後系)는 대체로 15세 김상헌(金尙憲)·김상용(金尙容)의 대부터 3대에 걸쳐 경기도 양주(楊州)·여주(驪州)·포천(抱川) 등지와 충북 괴산(槐山), 충남 홍성(洪城)·논산(論山)·은진(恩津)·공주(公州)·서천(舒川)·아산(牙山)과 천원(天原)의 목천(木川) 등지, 전북 옥구(沃溝)·정읍(井邑)에 나뉘어 정착했으며 김변(金)의 동생 김순(金珣)의 후계(後系)는 18세 김필광(金必光)의 대에 일부가 안동(安東)에서 칠곡(漆谷)을 거쳐 창녕(昌寧)의 영산(靈山)에 터를 굳혔던 것을 비롯하여 17세 이후에 영덕(盈德)의 영해(寧海)·밀양(密陽)·영양(英陽)·봉화(奉化)에 살았다.

한편 9세 김삼익(金三益)의 후계(後系)는 안동(安東)·예천(醴泉) 등지와 14세 김언기(金彦紀) 이래로 함안(咸安) 등지에 산거하였고, 김삼우(金三友)의 후계(後系)는 선대(先代)부터 세거해온 안동(安東)과 16세 김엽(金燁) 이래로 문경(聞慶), 18세 김업(金業) 이래로 삼척(三陟), 18세 김창기(金昌起) 이래로 창녕(昌寧), 15세 김현(金) 이래로 예천(醴泉) 등지에 옮겨가 자리잡았다고 믿어진다.

그리고 9세 김근신(金謹信)과 김진(金)의 자손들은 안동(安東)에 많이 살았고 일부만 20세의 대를 전후하여 영양(英陽)의 진보(眞寶) 등지와 영덕(盈德)으로 옮겨가 살았던 것 같다.

또한 9세를 김화(金華)와 김경주(金敬珠)의 후계(後系)가 안동(安東)의 예안(禮安)과 봉화(奉化)의 춘양(春陽)에 세장지지(世葬之地)를 두고 있으므로 이들 지역에 오래 세거한 것 같다.

8세 김정(金鼎)의 자손들은 김정(金鼎) 이래로 충북 청주(淸州)를 세거의 터로 삼아왔으며, 6세 김학(金鶴)의 자손들은 황해도 금천(金川)의 토산(兎山)에서 살다가 13세 김형(金衡)의 대를 전후하여 일부가 강원도 이천(伊川)에 이거한 것 같고 12세 김치(金峙)의 후계(後系)가 안성(安城)을 거쳐 충북 음성(陰城)과 경기도 양주(楊州)에 나뉘어 살았던 것으로 보인다.

그밖에 20세 김덕남(金德南)의 대부터 전남 고흥(高興)에도 자손들이 살게 되었으며, 김복형(金復亨) 이래로 강원도 강릉(江陵)에, 15세 김응필(金應弼) 이래로 경북 경산(慶山)의 자인(慈仁)에 살게 되었던 것이 임술보(壬戌譜)에 보인다.

황해도 토산(兎山)에 살았던 자손들은 이후에 해주(海州)·황주(黃州)·송화(松禾)·수안(遂安) 등지로 산거해왔으며 21세 김천수(金千壽)의 후계(後系)는 평남 성천(成川)으로 옮겨가 살았다고 믿어진다.

그리하여 1930년경, 경기도 고양군(高陽郡) 중면(中面), 화성군(華城郡) 정남면(正南面)·동탄면(東灘面), 김포군(金浦郡)·대곶면(大串面), 강화군(江華郡) 길상면(吉祥面)·하점면(河岾面), 강원도 명주군(溟州郡) 강동면(江東面), 충북 청원군(清原郡)·괴산군(槐山郡)·음성군(陰城郡) 일원, 충남 연기군(燕岐郡) 일원, 논산군(論山郡) 상월면(上月面), 부여군(扶餘郡) 부여읍(扶餘邑), 천원군(天原郡) 일원, 전북 순창군(淳昌郡) 풍산면(豊山面), 고창군(高敞郡) 공음면(孔音面), 전남 고흥군(高興郡) 도양읍(道陽邑), 경북 달성군(達成郡) 성서면(城西面), 의성(義城)·안동(安東)·청송(青松)·영양(英陽)·예천군(醴泉郡) 일원, 경남 함안군(咸安郡) 칠서면(漆西面), 함양군(咸陽郡) 안의면(安義面), 창녕군(昌寧郡) 일원, 황해도 수안군(遂安郡) 대성면(大成面), 평북 귀성(龜城)·박천(博川)·용천군(龍川郡) 일원에 집성촌을 이루었다.

본관(本貫)의 연혁(沿革)

안동(安東)은 본래 신라의 고타야군(古打耶郡)인데, 경덕왕 때 고창군(古昌郡)으로 고쳤다.

고려조 태조가 안동(安東)으로 고쳐 부(府)로 삼았으며 성종은 길주자사(吉州刺史)로, 현종은 안무사(按撫使)로 개명(改名)하였는데 뒤에 다시 안동부(安東府)로 고쳤다.

명종 때 도호부(都護府)로, 신종 때 대도호부(大都護府)로 승격되었고 충렬왕 때 복주목(福州牧)으로 고쳤으나 공민왕 때 다시 안동대도호부(安東大都護府)로 만들었다. 조선조 세조 때 진(鎭)을 두고 부사(府使)가 병마절도부사(兵馬節度副使)를 겸임하게 하였으나 곧 부사(府使)는 폐지하였다.

이후 변천을 거듭하다가 1895년 군(郡)이 되었고 1914년 예안군(禮安郡)을 병합하여 1995.1.1 안동군을 안동시로 통합하여 오늘에 이르렀다.

주요 성씨로는 김(金)·권(權)·강(姜)·고(高)·동(董)·노(盧)·이(李)·임(林)·문(文)·박(朴)·서(徐),장(張)·전(全)·정(鄭),조(曹)·최(崔), 유(柳)씨 등이 있었다.

파명록(派名錄)

판관공계권파(判官公係權派) 감찰공영전파(監察公永銓派)·진사공영윤파(進士公永匀派)·부사공영추파(府使公永錘派)·장령공영수파(掌令公永銖派). 정헌공계행파(定獻公係行派) 참봉공극인파(參奉公克仁派)·진사공극의파(進士公克義派)·생원공극례파(生員公克禮派)·학생공극지(學生公克智派)·군수공극신파(郡守公克信派)·어담공삼익파(漁潭公三益派),주부공삼우파(主簿公三友派)에 계공랑공맹귀파(啓公郎公孟龜派) 참봉공시좌파(參奉公時佐派)·참봉공시량파(參奉公時亮派)·생원공시우파(生員公時佑派)·생원공이려파(生員公以礪派)·중파(仲派)·숙파(叔派). 등암공계귀파(藤菴公季龜派)·습독공엄파(習讀公淹派)·첨사공온파(僉使公溫派)·항재공낙파(恒齋公洛派)·목사공치림파(牧使公致林派). 참봉공언적파(參奉公彦迪派) 별장공홍파(別將公洪派)·국헌공준파(菊軒公浚派)·학생공수정파(學生公遂晶派). 호장공처상파(戶長公處商派) 현감공지철파(縣監公之哲派)·사헌공원수파(司憲公元水派)· 사과공열파(司果公烈派). 선군공여중파(選軍公呂重派) 판관공용파(判官公龍派)·시중공학파(侍中公鶴派)

등과(登科) · 음사인명(蔭仕人名)

-조선조 문과(文科)

인 명	주요 관직	등과 시기
김계행(金係行)	대간(大諫)	성종조
김 영(金 瑛)	한림(翰林)	연산조
김 번(金 璠)	부정(副正)	중종조
김정준(金廷準)	학유(學諭)	중종조
김상준(金尙雋)	형참(刑參)	선조조
김상용(金尙容)	우상(右相)	선조조
김상헌(金尙憲)	좌상(左相)	선조조
김광욱(金光煜)	제학(提學)	선조조
김중청(金中清)	승지(承旨)	광해조
김광현(金光炫)	이참(吏參)	인조조
김주우(金柱宇)	지평(持平)	인조조
김광혁(金光爀)	승지(承旨)	인조조
김수익(金壽翼)	참의(參議)	인조조
김중일(金重鎰)	승지(承旨)	인조조
김명원(金鳴遠)	직정(直靜)	인조조
김진원(金震遠)	경력(經歷)	인조조
김수항(金壽恒)	영상(領相)	효종조
김수흥(金壽興)	영상(領相)	효종조
김수능(金壽能)	현감(縣監)	현종조
김수항(金壽恒)	영의정시(諡,文忠)	효종조
김창협(金昌協)	예판(禮判)	숙종조
김성시(金盛始)	현감(縣監)	숙종조
김창집(金昌集)	영상(領相)	숙종조
김시걸(金時傑)	전백(全伯)	숙종조
김성적(金盛迪)	이의(吏議)	숙종조
김창직(金昌直)	수찬(修撰)	숙종조
김제겸(金濟謙)	승지(承旨)	숙종조

김천서(金天敍)	첨정(僉正)	숙종조
김우갑(金禹甲)	승정(承正)	경종조
김광찬(金光燦)	참의(參議)	인조조
김범갑(金范甲)	현감(縣監)	영조조
김선행(金善行)	참판(參判)	영조조
김문행(金文行)	대간(大諫)	영조조
김응순(金應淳)	판서(判書)	영조조
김면행(金勉行)	참판(參判)	영조조
김시찬(金時粲)	부제학(副提學)	영조조
김이헌(金履獻)		영조조
김이희(金履禧)	참판(參判)	영조조
김보순(金普淳)		영조조
김노순(金魯淳)	참판(參判)	영조조
김장행(金章行)	봉첨(奉僉)	영조조
김이소(金履素)	우상(右相)	영조조
김이신(金履信)	옥당(玉堂)	영조조
김문순(金文淳)	판서(判書)	영조조
김약행(金若行)	승지(承旨)	영조조
김제행(金悌行)	승지(承旨)	영조조
김이정(金履正)	참판(參判)	영조조
김이용(金履鏞)	교리(校理)	영조조
김방행(金方行)	대성(大成)	영조조
김이성(金履成)	참판(參判)	영조조
김이후(金履厚)	집의(執義)	영조조
김이익(金履翼)	판서(判書)	정조조
김조순(金祖淳)	이판(吏判)	정조조
김이선(金履善)	좌랑(佐郎)	정조조
김희순(金羲淳)	이판(吏判)	정조조
김이교(金履喬)	우상(右相)	정조조
김이재(金履載)	이판(吏判)	정조조
김달순(金達淳)	우상(右相)	정조조
김근순(金近淳)	부학(副學)	정조조
김이영(金履永)	충백(忠伯)	정조조
김매순(金邁淳)	참판(參判)	정조조

김이도(金履度)	이판(吏判)	정조조
김이양(金履陽)	이판(吏判)	정조조
김이수(金履秀)	정랑(正郎)	순조조
김명순(金明淳)	참판(參判)	순조조
김영순(金英淳)	판서(判書)	순조조
김학순(金學淳)	이판(吏判)	순조조
김난순(金蘭淳)	이판(吏判)	순조조
김우순(金愚淳)	참판(參判)	순조조
김석순(金錫淳)	승지(承旨)	순조조
김양순(金陽淳)	참판(參判)	순조조
김기순(金琦淳)	승지(承旨)	철종조
김첩근(金　根)	이판(吏判)	철종조
김시근(金蓍根)	판서(判書)	순조조
김교근(金敎根)	판서(判書)	순조조
김홍근(金興根)	이의(吏議)	순조조
김원근(金元根)	이참(吏參)	순조조
김좌근(金左根)	영상(領相)	헌종조
김흥근(金興根)	좌상(左相)	순조조
김보근(金輔根)	이판(吏判)	헌종조
김양근(金養根)	형참(刑參)	영조조
김성근(金聲根)	참판(參判)	철종조
김수근(金洙根)	이판(吏判)	순조조
김양근(金養根)	판서(判書)	영조조
김대근(金大根)	이판(吏判)	순조조
김덕근(金德根)	직각(直閣)	헌종조
김신근(金愼根)	승지(承旨)	헌종조
김만근(金萬根)	참판(參判)	헌종조
김윤근(金胤根)	이의(吏議)	순조조
김우근(金羽根)	응집(應執)	순조조
김재근(金在根)	이참(吏參)	순조조
김면근(金勉根)	승지(承旨)	철종조
김학진(金鶴鎭)	판서(判書)	고종조
김철근(金哲根)	판서(判書)	고종조
김종근(金宗根)	자헌(資憲)	고종조

김병조(金炳朝)	이판(吏判)	순조조
김병교(金炳喬)	이판(吏判)	철종조
김병익(金炳翊)	찬성(贊成)	철종조
김병연(金炳淵)	직각(直閣)	철종조
김병소(金炳韶)		순조조
김병규(金炳奎)	참판(參判)	순조조
김병학(金炳學)	영상(領相)	철종조
김병국(金炳國)	좌상(左相)	철종조
김병집(金炳潗)	참판(參判)	철종조
김병운(金炳雲)	판서(判書)	헌종조
김병구(金炳球)	문학(文學)	순조조
김병육(金炳陸)	승선(丞宣)	철종조
김병시(金炳始)	좌상(左相)	철종조
김병덕(金炳德)	좌상(左相)	헌종조
김정균(金鼎均)	이참(吏參)	순조조
김응균(金應均)	판서(判書)	순조조
김성균(金性均)	예참(禮參)	고종조
김세균(金世均)	호참(戶參)	헌종조
김경균(金敬均)	이참(吏參)	고종조
김영균(金永均)	호참(戶參)	철종조
김옥균(金玉均)	참판(參判)	고종조
김명규(金明圭)	판서(判書)	고종조
김응규(金應圭)	교리(校理)	고종조
김정규(金定圭)	참판(參判)	고종조
김석규(金錫圭)	호참(戶參)	고종조
김상규(金商圭)	참판(參判)	고종조
김승규(金昇圭)	이참(吏參)	고종조
김정규(金貞圭)	이참(吏參)	고종조
김흥규(金興圭)	예참(禮參)	고종조
김홍규(金弘圭)	참판(參判)	고종조
김용규(金用圭)	참판(參判)	고종조
김종규(金宗圭)	예참(禮參)	고종조
김용규(金用圭)	참판(參判)	고종조
김덕규(金德圭)	판서(判書)	고종조

김용규(金容圭)	승선(承宣)	고종조
김경규(金敬圭)	호참(戶參)	고종조
김년규(金年圭)	승지(承旨)	고종조
김성규(金成圭)	승지(承旨)	고종조
김병억(金炳億)	승지(承旨)	고종조
김병수(金炳秀)	예참(禮參)	고종조
김병직(金炳稷)	대성(大成)	고종조
김병우(金炳禹)	승지(承旨)	고종조
김병식(金炳軾)	승지(承旨)	고종조
김병년(金炳年)	승지(承旨)	고종조
김병옹(金炳翁)	교리(校理)	고종조
김병길(金炳吉)	승지(承旨)	고종조
김병옥(金炳玉)	승지(承旨)	고종조
김학진(金鶴鎭)	이판(吏判)	고종조
김석진(金奭鎭)	판서(判書)	고종조
김경진(金敬鎭)	참판(參判)	고종조
김명진(金明鎭)	판서(判書)	고종조
김낙진(金樂鎭)	승지(承旨)	고종조
김가진(金嘉鎭)	판서(判書)	고종조
김익진(金翊鎭)	판서(判書)	고종조
김종한(金宗漢)	판서(判書)	고종조
김준한(金駿漢)	승지(承旨)	고종조
김복한(金福漢)	승지(承旨)	고종조
김덕한(金德漢)	승지(承旨)	고종조
김장한(金章漢)	정언(正言)	고종조

무과(武科)

김시태(金時泰, 병사(兵使) 김이환(金履煥, 영장(營將)

김익순(金益淳, 방어사(防禦使)

음사인명(蔭仕人名)

김선평(金宣平,태사(太師) 김습돈(金習敦, 부정(副正)

김여기(金呂基,호장(戶長) 김남수(金南秀,호장(戶長))

김희(金熙,주부(主簿)) 김자(金資,주부(主簿))

김근중(金斤重,판사(判事)) 김득남(金得南,전농정(典農正))

김혁(金革,봉예랑(奉禮郎)) 김삼근(金三近,현감(縣監))

김계권(金係權,판관(判官)) 김영수(金永銖,장령(掌令))

김생해(金生海,군수(郡守))

김대효(金大孝,현령(縣令))

김항일(金恒一,가산대부) 김한유(金漢有,한성좌윤)

김광찬(金光燦,동추(同樞)) 김수증(金壽增,도정(都正))

김창국(金昌國,부사(府使)) 김치겸(金致謙,정랑(正郎))

김이탁(金履鐸,목사(牧使))

김면순(金勉淳,참봉(參奉))

김병유(金炳儒,현감(縣監)) 김정진(金鼎鎭,참봉(參奉))

김이수(金履壽, 숭정대부(崇政大夫)

김성행(金省行,증찬성(贈贊成))

김이장(金履長,목사(牧使)) 김복순(金復淳,목사(牧使))

김영근(金泳根,판서(判書)) 김병준(金炳駿,참판(參判))

김문규(金文圭,참봉(參奉)) 김이순(金　淳,증찬성(贈贊成))

김문근(金汶根,영은부원군(永恩府院君))

김달행(金達行,증이판(贈吏判))

김이중(金履中,서윤(庶尹))

김조순(金祖淳,영안부원군(永安府院君))

김탄행(金坦行, 목사(牧使))

김지순(金芝淳, 목사(牧使))

김조근(金祖根, 영흥부원군(永興府院君))

김원행(金元行, 이참(吏參) · 시(諡) : 문순(文純))

김이안(金履安, 찬선(贊善))

김호근(金浩根, 군수(郡守))

김창옹(金昌翁, 진영(進榮) · 시(諡) : 문강(文康))

김양겸(金養謙, 군수(郡守))

김범행(金範行, 군수(郡守))

김이현(金履鉉, 부사(府使))

김병창(金炳昌, 집의(執義)) 김용규(金用圭, 군수(郡守))

김원규(金元圭, 참봉(參奉)) 김창업(金昌業, 교관(敎官))

김신겸(金信謙, 교관(敎官))

김양행(金亮行, 형참(刑參) · 시(諡) : 문간(文簡))

김이구(金履九, 군수(郡守)) 김직순(金直淳, 지평(持平))

김인근(金仁根, 집의(執義)) 김병우(金炳愚, 참의(參議))

김봉규(金奉圭, 군수(郡守)) 김간행(金簡行, 현령(縣令))

김이석(金履錫, 목사(牧使))

김연근(金淵根, 판서(判書)) 김병주(金炳疇, 창녕위(昌寧尉))

김도균(金道均, 참봉(參奉))

김극효(金克孝, 도정(都正))

김상용(金尙容, 견문(見文) · 시(諡) : 문충(文忠))

김수창(金壽昌, 군수(郡守)) 김성주(金盛宙, 현령(縣令))

김시망(金時望, 참봉(參奉)) 김덕순(金德淳, 참봉(參奉))

김복근(金復根, 첨정(僉正)) 김병문(金炳文, 군수(郡守))

김대균(金大均, 현령(縣令))
김수인(金壽仁, 부사(府使))
김수민(金壽民, 현감(縣監)) 김수빈(金壽賓, 군수(郡守))
김성익(金盛益, 지평(持平)) 김시발(金時發, 좌랑(佐郎))
김시철(金時哲, 도정(都正)) 김시술(金時述, 증이판(贈吏判))
김헌행(金憲行, 판관(判官))
김한순(金漢淳, 참판(參判))
김현근(金賢根, 동녕위(東寧尉)) 김병삼(金炳三, 참봉(參奉))
김시눌(金時訥, 현감(縣監))
김낙행(金樂行, 좌랑(佐郎)) 김이위(金履褘, 목사(牧使))
김형순(金亨淳, 서윤(庶尹)) 김준근(金寯根, 목사(牧使))
김응규(金應圭, 군수(郡守))
김유순(金有淳, 부사(府使)) 김인근(金寅根, 도정(都正))
김영규(金泳圭, 참봉(參奉))
김광용(金光 , 증판서(贈判書))
김윤한(金潤漢, 증승지(贈承旨))
김섭동(金涉東, 증통정(贈通政))
김필웅(金弼雄, 증통정(贈通政))
김익한(金翊漢, 증이참(贈吏參))
김수동(金秀東, 증조봉(贈朝奉)) 김상동(金尙東, 통훈(通訓))
김문현(金文顯, 증승지(贈承旨)) 김석현(金錫顯, 가선(嘉善))
김광년(金光年, 통정(通政)) 김종기(金鍾基, 감찰(監察))
김두한(金斗漢, 증통정(贈通政))
김성주(金聖周, 증통훈(贈通訓))
김성하(金聖夏, 증자헌(贈資憲))

김경수(金慶秀,증통정(贈通政))

김필인(金弼仁,증참판(贈參判))

김수곤(金壽坤,증자헌(贈資憲))

김창국(金昌國,증통정(贈通政))

김명현(金明顯,증참판(贈參判))

김경년(金景年,증자헌(贈資憲))

김석진(金錫鎭,증통훈(贈通訓))

김순보(金舜輔,증승지(贈承旨))

김익동(金益東,증가선(贈嘉善)) 김이현(金理顯,가선(嘉善))

김경두(金京斗,군사(郡事)) 김이한(金履漢,증통정(贈通政))

김낙동(金洛東,증참판(贈參判))

김윤동(金潤東,증가선(贈嘉善)) 김채현(金采顯,가선(嘉善))

김여현(金麗顯,도정(都正)) 김대현(金大顯,가선(嘉善))

김규현(金圭顯,가선(嘉善)) 김희한(金喜漢,증참판(贈參判))

김영동(金英東,증자헌(贈資憲))

김연현(金延顯,증통훈(贈通訓))

김찬현(金贊顯,증통정(贈通政)) 김성태(金性泰,참봉(參奉))

김태선(金泰善,참봉(參奉))

김회진(金會鎭,증참의(贈參議))

김복한(金福漢,증승지(贈承旨))

김용동(金龍東,증가선(贈嘉善)) 김의현(金義顯,참봉(參奉))

김응한(金應漢,증가선(贈嘉善))

김석동(金碩東,증공참(贈工參))

김인동(金仁東,증공참(贈工參))

김환현(金煥顯,증가선(贈嘉善))

김성대(金聖大, 증자헌(贈資憲)

김경채(金慶彩, 증참의(贈參議)

김은진(金殷鎭, 증병참(贈兵參)

김영한(金榮漢, 증승지(贈承旨)

김치동(金治東, 증가선(贈嘉善)

김철현(金澈顯, 통정(通政)

김일현(金一顯, 참봉(參奉) 김승기(金升基, 참봉(參奉)

조선조 문과급제자(文科及第者) 정록

· 계행(係行)

[문과] 성종(成宗) 11년(1480) 경자(庚子) 식년시(式年試) 병과(丙科) 21위

[인물요약]

자	취사(取斯)
생년	신해(辛亥) 1431년
합격연령	50세
본관	안동(安東)
거주지	미상(未詳)

[관련정보]

[생원시] 세종(世宗) 29년(1447) 정묘(丁卯) 식년시(式年試) 식년 생원 2등(二等) 15위

[이력사항]

전력	교수(敎授)
관직	대사간(大司諫)
관직	부제학(副提學)
타과	세종(世宗) 29년(1447) 정묘(丁卯) 생원시(生員試)

[가족사항]

[부]

성명 : 김삼근(金三近)

[조부]

성명 : 김혁(金革)

[증조부]

성명 : 김득우(金得雨)

[외조부]

성명 : 김전(金腆)

[처부]

성명 : 남상치(南尙致)　　　　　　성명 : 서운(徐運)

[처부2]

· 영(瑛)

[문과] 연산군(燕山君) 12년(1506) 병인(丙寅) 별시(別試) 정과(丁科) 7위

[진사시] 연산군(燕山君) 1년(1495) 을묘(乙卯) 증광시(增廣試) 증광진사 2등(二等) 18위

자	영지(英之)
호	삼당(三塘)
생몰년	1475(성종 6) ~ 1528(중종 23)

부	김영수(金英銖)
저서	《삼당집》

· 번(璠)

[문과] 중종(中宗) 8년(1513) 계유(癸酉) 식년시(式年試) 갑과(甲科) 3위

자	문서(文瑞)
생몰년	1479(성종10) ~ 1544(중종 39)
시대	조선 전기
본관	안동(安東)
부	김영수(金永銖)
외조부	김박(金博)

· **정준(廷準)**(중종(中宗) 35년 · 별시(別試) · 병과(丙科))

· **집(緝)**(선조(宣祖) 3년 · 식년시(式年試) · 을과(乙科))

자	경인(景仁)
생년	경인(庚寅) 1530년
합격연령	41세
본관	안동(安東)
거주지	미상(未詳)

[관련정보]

[생원시] 명종(明宗) 13년(1558) 무오(戊午) 식년시(式年試) 식년 생원 2등(二等) 19위

[이력사항]

전력	생원(生員)
관직	군수(郡守)
타과	명종(明宗) 13년(1558) 무오(戊午) 생원시(生員試)

[가족사항]

[부]

성명 : 김시좌(金時佐)

[조부]

성명 : 김용려(金用礪)

[증조부]

성명 : 김맹구(金孟龜)

[외조부]

성명 : 양숙(楊淑)

[처부]

성명 : 변렴(卞濂)

· **상준(尚寯)**

[문과] 선조(宣祖) 23년(1590) 경인(庚寅) 증광시(增廣試) 을과(乙科) 5위

[인물요약]

자	여수(汝秀)
호	휴암(休菴)
생년	신유(辛酉) 1561년
합격연령	30세
본관	안동(安東)
거주지	미상(未詳)

[관련정보]

[진사시] 선조(宣祖) 15년(1582) 임오(壬午) 식년시(式年試) 식년 진사 3등(三等) 54위

[이력사항]

전력	진사(進士)
관직	형조참판(刑曹參判)
관직	한림(翰林)
타과	선조(宣祖) 15년(1582) 임오(壬午) 진사시(進士試)

[가족사항]

[부]

성명 : 김원효(金元孝)

[조부]

성명 : 김생해(金生海)

[증조부]

성명 : 김번(金璠)

[외조부]

성명 : 이승열(李承說)

[처부]

성명 : 이천우(李天祐)

[자]

성명 : 김광욱(金光煜)

· **상용(尙容)**

[문과] 선조(宣祖) 23년(1590) 경인(庚寅) 증광시(增廣試) 병과(丙科) 8위

[인물요약]

자	경택(景擇)
호	선원(仙源)
시호	문충(文忠)
생년	신유(辛酉) 1561년
합격연령	30세
본관	안동(安東)
거주지	미상(未詳)

[관련정보]

[진사시] 선조(宣祖) 15년(1582) 임오(壬午) 식년시(式年試) 식년 진사 2등(二等) 1위

[이력사항]

전력	참봉(參奉)
관직	우의정(右議政)
관직	한림(翰林)
타과	선조(宣祖) 15년(1582) 임오(壬午) 진사시(進士試)

[가족사항]

[부]

성명 : 김극효(金克孝)

[조부]

성명 : 김생해(金生海)

[증조부]

성명 : 김번(金璠)

[외조부]

성명 : 정유길(鄭惟吉)

[처부]

성명 : 권개(權愷)

[제]

성명 : 김상헌(金尙憲)

[자]

성명 : 김광현(金光炫)

· 상헌(尙憲)

[문과] 선조(宣祖) 29년(1596) 병신(丙申) 정시(庭試) 병과(丙科) 8위

[인물요약]

자	숙도(叔度)
호	청음(淸陰)
생년	경오(庚午) 1570년
합격연령	27세
본관	안동(安東)
거주지	미상(未詳)

[관련정보]

[문과] 광해군(光海君) 즉위년(1608) 무신(戊申) 중시(重試) 을과(乙科) 1위

[진사시] 선조(宣祖) 23년(1590) 경인(庚寅) 증광시(增廣試) 증광진사 2등(二等) 9위

[이력사항]

전력	진사(進士)
관직	문형(文衡)
관직	좌의정(左議政)
관직	청백리(淸白吏)
타과	선조(宣祖) 23년(1590) 경인(庚寅) 진사시(進士試)
본인문과	선조(宣祖) 41년(1608) 무신(戊申) 중시(重試)

[가족사항]

[부]

성명 : 김대효(金大孝)

[조부]

성명 : 김생해(金生海)

[증조부]

성명 : 김번(金璠)

[외조부]

성명 : 이영현(李英賢)

[처부]

성명 : 이의노(李義老)

· 광욱(光煜)

[문과] 선조(宣祖) 39년(1606) 병오(丙午) 증광시(增廣試) 병과(丙科) 6위

[인물요약]

자	회이(晦而)
호	죽소(竹所)
생년	경진(庚辰) 1580년
합격연령	27세
본관	안동(安東)
거주지	미상(未詳)

[관련정보]

[진사시] 선조(宣祖) 39년(1606) 병오(丙午) 증광시(增廣試) 증광진사 1등(一等) 3위

[이력사항]

전력	장사랑(將仕郎)
관직	제학(提學)
관직	참찬(參贊)
타과	선조(宣祖) 39년(1606) 병오(丙午) 진사시(進士試)

[가족사항]

[부]

성명 : 김상준(金尙寯)

[조부]

성명 : 김원효(金元孝)

[증조부]

성명 : 김생해(金生海)

[외조부]

성명 : 이천우(李天祐)

[처부]

성명 : 이직언(李直彦)

· 중청(中清)

[문과] 광해군(光海君) 2년(1610) 경술(庚戌) 식년시(式年試) 갑과(甲科) 2위

[인물요약]

자	이화(而和)
호	퇴헌(退軒)
생년	정묘(丁卯) 1567년
합격연령	44세
본관	안동(安東)
거주지	미상(未詳)

[이력사항]

전력	유학(幼學)
관직	분승정원승지(分承政院承旨)

[가족사항]

[부]

성명 : 김몽호(金夢虎)

[조부]

성명 : 김정헌(金廷憲)

[증조부]

성명 : 김세은(金世殷)

[외조부]

성명 : 박승인(朴承仁)

[처부]

성명 : 이영승(李永承)

[처부2]

성명 : 황맹하(黃孟賀)

[자]

성명 : 김주우(金柱宇)

· 광현(光炫)

[문과] 인조(仁祖) 1년(1623) 계해(癸亥) 정시(庭試) 병과(丙科) 2위

[인물요약]

자	회여(晦汝)
호	수북(水北)
생년	갑신(甲申) 1584년
합격연령	40세
본관	안동(安東)
거주지	미상(未詳)

[관련정보]

[문과] 인조(仁祖) 4년(1626) 병인(丙寅) 중시(重試) 병과(丙科) 1위

[생원시] 광해군(光海君) 4년(1612) 임자(壬子) 증광시(增廣試) 증광생원 1등(一等) 5위

[진사시] 광해군(光海君) 4년(1612) 임자(壬子) 증광시(增廣試) 증광진사 3등(三等) 46위

[이력사항]

전력	찰방(察訪)
관직	이조참판(吏曹參判)
관직	부제학(副提學)
타과	광해군(光海君) 4년(1612) 임자(壬子) 생원.진사시(生員進士試)
본인문과	인조(仁祖) 4년(1626) 병인(丙寅) 중시(重試)

[가족사항]

[부]

성명 : 김상용(金尙容)

[조부]

성명 : 김극효(金克孝)

[외조부]

성명 : 권개(權愷)

[처부]

성명 : 심율(沈慄)

· 주우(柱宇)

[문과] 인조(仁祖) 2년(1624) 갑자(甲子) 별시(別試) 갑과(甲科)

1[장원(壯元)]위

[인물요약]

자	만고(萬古)
호	이면(易眠)
생년	무술(戊戌) 1598년
합격연령	27세
본관	안동(安東)
거주지	미상(未詳)

[관련정보]

[진사시] 광해군(光海君) 4년(1612) 임자(壬子) 식년시(式年試) 식년진사 3등(三等) 70위

[이력사항]

전력	진사(進士)
관직	지평(持平)
타과	광해군(光海君) 4년(1612) 임자(壬子) 진사시(進士試)

[가족사항]

[부]

성명 : 김중청(金中清)

[조부]

성명 : 김몽호(金夢虎)

[증조부]

성명 : 김정헌(金廷憲)

[외조부]

성명 : 이영승(李永承)

[처부]

성명 : 이경엄(李景嚴)

· **광혁(光爀)**

[문과] 인조(仁祖) 2년(1624) 갑자(甲子) 알성시(謁聖試) 을과(乙科) 1위

[인물요약]

자	회경(晦卿)
호	동림(東林)
생년	경인(庚寅) 1590년
합격연령	35세
본관	안동(安東)
거주지	미상(未詳)

[관련정보]

[진사시] 광해군(光海君) 4년(1612) 임자(壬子) 식년시(式年試) 식년진사 1등(一等) 4위

[이력사항]

전력	진사(進士)
관직	승지(承旨)
관직	사인(舍人)
타과	광해군(光海君) 4년(1612) 임자(壬子) 진사시(進士試)

[가족사항]

[부]

성명 : 김상관(金尙寬)

[조부]

성명 : 김극효(金克孝)

[증조부]

성명 : 김생해(金生海)

[외조부]

성명 : 남응정(南應井)

[처부]

성명 : 김존경(金存敬)

[자]

성명 : 김수흥(金壽興)

· 수익(壽翼)

[문과] 인조(仁祖) 8년(1630) 경오(庚午) 별시(別試) 병과(丙科) 1위

[인물요약]

자	성로(星老)
생년	경자(庚子) 1600년
합격연령	31세
본관	안동(安東)
거주지	미상(未詳)

[관련정보]

[생원시] 인조(仁祖) 2년(1624) 갑자(甲子) 식년시(式年試) 식년 생원 3등(三等) 68위

[진사시] 인조(仁祖) 2년(1624) 갑자(甲子) 식년시(式年試) 식년 진사 3등(三等) 22위

[이력사항]

전력	사평(司評)
관직	참의(參議)
관직	옥당(玉堂)

[가족사항]

[부]

성명 : 김광위(金光煒)

[조부]

성명 : 김상준(金尙寯)

[증조부]

성명 : 김원효(金元孝)

[외조부]

성명 : 안창(安昶)

[처부]

성명 : 구헌(具憲)

[자]

성명 : 김성시(金盛始)

· **중일(重鎰)**

[문과] 인조(仁祖) 11년(1633) 계유(癸酉) 증광시(增廣試) 병과(丙科) 20위

[인물요약]

자	백진(伯珍)
생년	임인(壬寅) 1602년
합격연령	32세
본관	안동(安東)
거주지	미상(未詳)

[관련정보]

[진사시] 인조(仁祖) 2년(1624) 갑자(甲子) 식년시(式年試) 식년 진사 3등(三等) 4위

[이력사항]

전력	참봉(參奉)
관직	승지(承旨)
관직	옥당(玉堂)

[가족사항]

[부]

성명 : 김광수(金光燧)

[조부]

성명 : 김량(金樑)

[증조부]

성명 : 김규보(金奎報)

[외조부]

성명 : 이탁(李倬)

[처부]

성명 : 이식립(李植立)

· 명원(鳴遠)

[문과] 인조(仁祖) 13년(1635) 을해(乙亥) 증광시(增廣試) 병과(丙科) 5위

[인물요약]

자	도이(道而)
생년	신묘(辛卯) 1591년
합격연령	45세
본관	안동(安東)
거주지	미상(未詳)

[관련정보]

[생원시] 광해군(光海君) 4년(1612) 임자(壬子) 증광시(增廣試) 증광생원 1등(一等) 2위

[이력사항]

전력	현감(縣監)
관직	직강(直講)
타과	광해군(光海君) 2년(1610) 경술(庚戌) 생원시(生員試)

[가족사항]

[부]

성명 : 김계종(金繼宗)

[조부]

성명 : 김현(金顯)

[증조부]

성명 : 김생명(金生溟)

[외조부]

성명 : 유빈(柳贇)

[처부]

성명 : 신충남(申忠男)

[제]

성명 : 김진원(金振遠)

· **진원(震遠)**

[문과] 인조(仁祖) 17년(1639) 기묘(己卯) 별시(別試) 병과(丙科) 8위

[인물요약]

자	덕이(德而)

생년	신축(辛丑) 1601년
합격연령	39세
본관	안동(安東)
거주지	미상(未詳)

[이력사항]

전력	유학(幼學)
관직	경력(經歷)

[가족사항]

[부]

성명 : 김곤(金袞)

[생부]

성명 : 김계종(金繼宗)

[조부]

성명 : 김기보(金箕報)

[증조부]

성명 : 김생락(金生洛)

[외조부]

성명 : 김언업(金彦慄)

[처부]

성명 : 장여익(張汝翊)

[형]

성명 : 김명원(金鳴遠)

· 수항(壽恒)

[문과] 효종(孝宗) 7년(1656) 병신(丙申) 중시(重試) 을과(乙科) 1위

[문과] 효종(孝宗) 2년(1651) 신묘(辛卯) 알성시(謁聖試) 갑과(甲科) 1[장원(壯元)]위

[인물요약]

호	문곡(文谷)
본관	안동(安東)
거주지	미상(未詳)

[관련정보]

[문과] 효종(孝宗) 2년(1651) 신묘(辛卯) 알성시(謁聖試) 갑과(甲科) 1[장원(壯元)]위

[진사시] 인조(仁祖) 24년(1646) 병술(丙戌) 식년시(式年試) 식년진사 1등(一等) 1[장원(壯元)]위

[이력사항]

전력	응교(應敎)
본인문과	효종(孝宗) 2년(1651) 신묘(辛卯) 알성시(謁聖試)

[가족사항]

[조부]

성명 : 김상헌(金尙憲)

[증조부]

성명 : 김대효(金大孝)

[외조부]

성명 : 김래(金琜)

[처부]

성명 : 나성두(羅星斗)

[형]

성명 : 김수흥(金壽興)

[자]

성명 : 김창집(金昌集)

[손]

성명 : 김제겸(金濟謙)

· 수흥(壽興)

[문과] 효종(孝宗) 6년(1655) 을미(乙未) 춘당대시(春塘臺試) 병과(丙科) 2위

[문과] 효종(孝宗) 7년(1656) 병신(丙申) 중시(重試) 병과(丙科) 3위

[인물요약]

자	기지(起之)
호	퇴우(退憂)
생년	병인(丙寅) 1626년

합격연령	30세
본관	안동(安東)
거주지	미상(未詳)

[관련정보]

[문과] 효종(孝宗) 7년(1656) 병신(丙申) 중시(重試) 병과(丙科) 3위

[진사시] 인조(仁祖) 26년(1648) 무자(戊子) 식년시(式年試) 식년 진사 1등(一等) 5위

[이력사항]

전력	진사(進士)
관직	영의정(領議政)
관직	남상(南床)
타과	인조(仁祖) 26년(1648) 무자(戊子) 진사시(進士試)
본인문과	효종(孝宗) 7년(1656) 병신(丙申) 중시(重試)

[가족사항]

[부]

성명 : 김광혁(金光爀)

[생부]

성명 : 김광찬(金光燦)

[조부]

성명 : 김상관(金尙寬)

[증조부]

성명 : 김극효(金克孝)

[외조부]

성명 : 김존경(金存敬)

[처부]

성명 : 윤형각(尹衡覺)

[제]

성명 : 김수항(金壽恒)

· 계광(啓光)

[문과] 현종(顯宗) 1년(1660) 경자(庚子) 증광시(增廣試) 병과(丙

科) 18위

[인물요약]

자	경겸(景謙)
생년	신유(辛酉) 1621년
합격연령	40세
본관	안동(安東)
거주지	미상(未詳)

[관련정보]

[생원시] 효종(孝宗) 5년(1654) 갑오(甲午) 식년시(式年試) 식년 생원 3등(三等) 52위

[진사시] 효종(孝宗) 5년(1654) 갑오(甲午) 식년시(式年試) 식년 진사 3등(三等) 15위

[이력사항]

전력	생원(生員)
관직	군수(郡守)
타과	효종(孝宗) 5년(1654) 갑오(甲午) 생원.진사시(生員進士試)

[가족사항]

[부]

성명 : 김학(金學)

[조부]

성명 : 김희맹(金希孟)

[증조부]

성명 : 김극(金克)

[외조부]

성명 : 유우잠(柳友潛)

[처부]

성명 : 권후(權垕)

[처부2]

성명 : 이영기(李榮基)

· 수능(壽能)

[문과] 현종(顯宗) 14년(1673) 계축(癸丑) 춘당대시(春塘臺試) 병과(丙科) 1위

[인물요약]

자	능지(能之)
생년	갑신(甲申) 1644년
합격연령	30세
본관	안동(安東)
거주지	미상(未詳)

[관련정보]

[진사시] 현종(顯宗) 7년(1666) 병오(丙午) 식년시(式年試) 식년 진사 3등(三等) 62위

[이력사항]

전력	진사(進士)
관직	현감(縣監)
타과	현종(顯宗) 7년(1666) 병오(丙午) 진사시(進士試)
기타	기타 : 서(庶)

[가족사항]

[부]

성명 : 김광찬(金光燦)

[조부]

성명 : 김상헌(金尙憲)

[증조부]

성명 : 김대효(金大孝)

[처부]

성명 : 이민후(李敏厚)

· **성시(盛始)**

[문과] 숙종(肅宗) 7년(1681) 신유(辛酉) 알성시(謁聖試) 갑과(甲科) 1[장원(壯元)]위

[인물요약]

자	자순(子順)
생년	병술(丙戌) 1646년
합격연령	36세
본관	안동(安東)
거주지	미상(未詳)

[이력사항]

전력	사맹(司猛)
관직	현감(縣監)
기타	기타 : 서(庶)

[가족사항]

[부]

성명 : 김수익(金壽翼)

[조부]

성명 : 김광위(金光緯)

[증조부]

성명 : 김상준(金尙寯)

[외조부]

성명 : 이대기(李大奇)

· **창협(昌協)**

[문과] 숙종(肅宗) 8년(1682) 임술(壬戌) 증광시(增廣試) 갑과(甲科) 1[장원(壯元)]위

[인물요약]

자	중화(仲和)

호	농암(農岩)
시호	문간(文簡)
생년	신묘(辛卯) 1651년
합격연령	32세
본관	안동(安東)
거주지	미상(未詳)

[관련정보]

[진사시] 현종(顯宗) 10년(1669) 기유(己酉) 식년시(式年試) 식년 진사 3등(三等) 44위

[이력사항]

전력품계	통덕랑(通德郞)
관직	문형(文衡)
관직	예조판서(禮曹判書)
타과	현종(顯宗) 10년(1669) 기유(己酉) 진사시(進士試)

[가족사항]

[부]

성명 : 김수항(金壽恒)

[조부]

성명 : 김광찬(金光燦)

[증조부]

성명 : 김상헌(金尙憲)

[외조부]

성명 : 나성두(羅星斗)

[처부]

성명 : 이단상(李端相)

[형]

성명 : 김창집(金昌集)

· **창집(昌集)**

[문과] 숙종(肅宗) 10년(1684) 갑자(甲子) 정시(庭試) 을과(乙科) 1위

[인물요약]

자	여성(汝成)
호	몽와(夢窩)
시호	충헌(忠獻)
생년	무자(戊子) 1648년
합격연령	37세
본관	안동(安東)
거주지	미상(未詳)

[관련정보]

[진사시] 현종(顯宗) 14년(1673) 계축(癸丑) 식년시(式年試) 식년 진사 2등(二等) 6위

[이력사항]

전력	공조좌랑(工曹佐郎)
관직	영의정(領議政)
타과	현종(顯宗) 14년(1673) 계축(癸丑) 생원시(生員試)

[가족사항]

[부]

성명 : 김수항(金壽恒)

[증조부]

성명 : 김상헌(金尙憲)

[외조부]

성명 : 나성두(羅星斗)

[처부]

성명 : 박세남(朴世楠)

[제]

성명 : 김창협(金昌協)

[자]

성명 : 김제겸(金濟謙)

· **시걸(時傑)**

[문과] 숙종(肅宗) 10년(1684) 갑자(甲子) 정시(庭試) 을과(乙科) 3위

[인물요약]

자	사흥(士興)
호	난곡(蘭谷)
생년	계사(癸巳) 1653년
합격연령	32세
본관	안동(安東)
거주지	미상(未詳)

[관련정보]

[진사시] 숙종(肅宗) 7년(1681) 신유(辛酉) 식년시(式年試) 식년 진사 1등(一等) 5위

[이력사항]

전력	진사(進士)
관직	전라감사(全羅監司)
관직	홍문관리(弘文館吏)

[가족사항]

[부]

성명 : 김성우(金盛遇)

[조부]

성명 : 김수인(金壽仁)

[증조부]

성명 : 김광현(金光炫)

[외조부]

성명 : 윤형성(尹衡聖)

[처부]

성명 : 심서견(沈瑞肩)

· **성적(盛迪)**

[문과] 숙종(肅宗) 10년(1684) 갑자(甲子) 정시(庭試) 병과(丙科) 6위

[인물요약]

자	중혜(仲惠)
생년	계미(癸未) 1643년
합격연령	42세
본관	안동(安東)
거주지	미상(未詳)

[관련정보]

[진사시] 현종(顯宗) 10년(1669) 기유(己酉) 식년시(式年試) 식년 진사 3등(三等) 5위

[이력사항]

전력	동몽교관(童蒙教官)
관직	충청감사(忠淸監司)
관직	이조참의(吏曹參議)
타과	현종(顯宗) 10년(1669) 기유(己酉) 진사시(進士試)

[가족사항]

[부]

성명 : 김수민(金壽民)

[조부]

성명 : 김광현(金光炫)

[증조부]

성명 : 김상용(金尙容)

[외조부]

성명 : 윤형각(尹衡覺)

[처부]

성명 : 노협(盧協)

· **창직(昌直)**

[문과] 숙종(肅宗) 12년(1686) 병인(丙寅) 정시(庭試) 병과(丙科) 1위

[인물요약]

자	계달(季達)
생년	계사(癸巳) 1653년
합격연령	34세
본관	안동(安東)
거주지	미상(未詳)

[이력사항]

전력품계	통덕랑(通德郎)
관직	수찬(修撰)

[가족사항]

[부]

성명 : 김수증(金壽增)

[조부]

성명 : 김광찬(金光燦)

[증조부]

성명 : 김상헌(金尙憲)

[외조부]

성명 : 조한영(曹漢英)

[처부]

성명 : 권순선(權順善)

[처부2]

성명 : 어진열(魚震說)

· **한운(翰運)**

[문과] 숙종(肅宗) 37년(1711) 신묘(辛卯) 식년시(式年試) 병과(丙

科) 12위

[인물요약]

자	붕로(鵬路)
생년	경신(庚申) 1680년
합격연령	32세
본관	안동(安東)
거주지	미상(未詳)

[이력사항]

전력	생원(生員)
관직	지평(持平)
타과	숙종(肅宗) 31년(1705) 을유(乙酉) 생원시(生員試)

[가족사항]

[부]

성명 : 김세경(金世鏡)

[조부]

성명 : 김지강(金至剛)

[증조부]

성명 : 김홍열(金弘烈)

[외조부]

성명 : 이순원(李舜元)

[처부]

성명 : 심육(沈堉)

· **재겸(濟謙)**

[문과] 숙종(肅宗) 45년(1719) 기해(己亥) 증광시(增廣試) 병과(丙科) 1위

[인물요약]

자	필형(必亨)
생년	경신(庚申) 1680년
합격연령	40세
본관	안동(安東)
거주지	미상(未詳)

[관련정보]

[진사시] 숙종(肅宗) 31년(1705) 을유(乙酉) 증광시(增廣試) 증광 진사 1등(一等) 1[장원(壯元)]위

[이력사항]

전력	첨정(僉正)
관직	승지(承旨)
관직	옥당(玉堂)
타과	숙종(肅宗) 31년(1705) 을유(乙酉) 진사시(進士試)

[가족사항]

[부]

성명 : 김창집(金昌集)

[조부]

성명 : 김수항(金壽恒)

[증조부]

성명 : 김광찬(金光燦)

[외조부]

성명 : 박세남(朴世楠)

[처부]

성명 : 송병문(宋炳文)

[숙부]

성명 : 김창협(金昌協)

· **천서(天敍)**

[문과] 숙종(肅宗) 45년(1719) 기해(己亥) 증광시(增廣試) 병과(丙科) 3위

[인물요약]

자	원량(元亮)
생년	병진(丙辰) 1676년
합격연령	44세
본관	안동(安東)
거주지	미상(未詳)

[이력사항]

전력	별제(別提)
관직	첨정(僉正)
기타	기타 : 서(庶)

[가족사항]

[부]

성명 : 김성시(金盛始)

[조부]

성명 : 김수익(金壽翼)

[증조부]

성명 : 김광위(金光煒)

[외조부]

성명 : 이한(李僩)

· **시찬(時粲)**

[진사시] 경종(景宗) 1년(1721) 신축(辛丑) 증광시(增廣試) 증광 진사 3등(三等) 56위

자	치명(穉明)
호	초천(苕川)
시호	충정(忠正)
생몰년	1700(숙종 26) ~ 1767(영조 43)
시대	조선 후기
본관	안동(安東)
부	김성도(金盛道)
고조부	김상용(金尙容)
출신지	홍주(洪州)
저서	《초천집》

· 선행(善行)

[문과] 영조(英祖) 15년(1739) 기미(己未) 알성시(謁聖試) 병과(丙科) 7위

[인물요약]

자	술부(述夫)
생년	병신(丙申) 1716년
합격연령	24세
본관	안동(安東)
거주지	미상(未詳)

[이력사항]

전력	유학(幼學)
관직	대사헌(大司憲)
관직	옥당(玉堂)

[가족사항]

[부]

성명 : 김시서(金時敍)

[조부]

성명 : 김성대(金盛大)

[증조부]

성명 : 김수익(金壽翼)

[외조부]

성명 : 송이석(宋彛錫)

[처부]

성명 : 이표(李標)

봉작 : 평운군(平雲君)

· 문행(文行)

[문과] 영조(英祖) 22년(1746) 병인(丙寅) 정시(庭試) 을과(乙科) 2위

[인물요약]

자	사빈(士彬)
생년	신사(辛巳) 1701년
합격연령	46세

본관	안동(安東)
거주지	미상(未詳)

[관련정보]

[진사시] 영조(英祖) 3년(1727) 정미(丁未) 증광시(增廣試) 증광진사 3등(三等) 37위

[이력사항]

전력	해주판관(海州判官)
품계	통정대부(通政大夫)
관직	부사(府使)
관직	옥당(玉堂)

[가족사항]

[부]

성명 : 김치겸(金致謙)

[조부]

성명 : 김창국(金昌國)

[증조부]

성명 : 김수증(金壽增)

[외조부]

성명 : 박태정(朴泰定)

[처부]

성명 : 정형만(鄭亨萬)

· **응순(應淳)**

[문과] 영조(英祖) 29년(1753) 계유(癸酉) 정시(庭試) 병과(丙科) 1위

[인물요약]

자	회원(會元)
생년	무신(戊申) 1728년
합격연령	26세
본관	안동(安東)
거주지	미상(未詳)

[관련정보]

[문과] 영조(英祖) 50년(1774) 갑오(甲午) 등준시(登俊試) 병과(丙科) 4위

[이력사항]

전력품계	통덕랑(通德郎)
관직	이조참판(吏曹參判)
관직	부제학(副提學)
본인문과	영조(英祖) 50년(1774) 갑오(甲午) 등준시(登俊試)

[가족사항]

[부]

성명 : 김리건(金履健)

[조부]

성명 : 김영행(金令行)

[증조부]

성명 : 김시걸(金時傑)

[외조부]

성명 : 조태과(趙泰果)

[처부]

성명 : 심선(沈鐥)

· **면행(勉行)**

[문과] 영조(英祖) 31년(1755) 을해(乙亥) 정시(庭試) 병과(丙科) 2위

[인물요약]

자	경부(敬夫)
생년	임오(壬午) 1702년
합격연령	54세
본관	안동(安東)
거주지	미상(未詳)

[이력사항]

전력	부수(副率)
관직	참판(參判)

[가족사항]

[부]

성명 : 김시민(金時敏)

[생부]

성명 : 김시서(金時敍)

[조부]

성명 : 김성후(金盛後)

[증조부]

성명 : 김수익(金壽翼)

[외조부]

성명 : 황만(黃鏋)

[처부]

성명 : 윤세항(尹世恒)

[처부2]

성명 : 안윤규(安允揆)

[제]

성명 : 김선행(金善行)

· 이헌(履獻)

(영조(英祖) 33년 · 정시(庭試) · 병과(丙科))

· 이희(履禧)

[문과] 영조(英祖) 35년(1759) 기묘(己卯) 식년시(式年試) 을과(乙科) 1위

[인물요약]

자	치응(稚膺)
생년	정미(丁未) 1727년
합격연령	33세
본관	안동(安東)
거주지	미상(未詳)

[이력사항]

전력	유학(幼學)

[가족사항]

[부]

성명 : 김경행(金景行)

[조부]

성명 : 김시겸(金時謙)

[증조부]

성명 : 김성완(金盛完)

[외조부]

성명 : 이정상(李鼎相)

· 보순(普淳)

[문과] 영조(英祖) 35년(1759) 기묘(己卯) 식년시(式年試) 병과(丙科) 4위

[인물요약]

자	여박(汝博)
생년	갑진(甲辰) 1724년
합격연령	36세
본관	안동(安東)
거주지	미상(未詳)

[관련정보]

[생원시] 영조(英祖) 30년(1754) 갑술(甲戌) 증광시(增廣試) 증광생원 3등(三等) 27위

[이력사항]

전력	생원(生員)
타과	영조(英祖) 29년(1753) 계유(癸酉) 생원시(生員試)

[가족사항]

[부]

성명 : 김이적(金履迪)

[조부]

성명 : 김영행(金令行)

[증조부]

성명 : 김시걸(金時傑)

[외조부]

성명 : 송수량(宋秀良)

[처부]

성명 : 심중주(沈重周)

[처부2]

성명 : 이의(李宜)

· **노순(魯淳)**

[문과] 영조(英祖) 40년(1764) 갑신(甲申) 충량과(忠良科) 갑과(甲科) 1[장원(壯元)]위

[인물요약]

자	증약(曾若)
생년	신축(辛丑) 1721년
합격연령	44세
본관	안동(安東)
거주지	미상(未詳)

[이력사항]

전력	진사(進士)
타과	영조(英祖) 39년(1763) 계미(癸未) 진사시(進士試)

[가족사항]

[부]

성명 : 김리적(金履迪)

[조부]

성명 : 김영행(金令行)

[증조부]

성명 : 김시걸(金時傑)

[외조부]

성명 : 송수량(宋秀良)

[처부]

성명 : 정윤적(鄭允迪)

[처부2]

성명 : 최명걸(崔命傑)

· 장행(章行)

[문과] 영조(英祖) 40년(1764) 갑신(甲申) 충량과(忠良科) 을과(乙科) 1위

[인물요약]

자	사문(士文)
생년	무오(戊午) 1738년
합격연령	27세
본관	안동(安東)
거주지	미상(未詳)

[이력사항]

전력	유학(幼學)

[가족사항]

[부]

성명 : 김지겸(金智謙)

[조부]

성명 : 김창실(金昌實)

[증조부]

성명 : 김수징(金壽徵)

[외조부]

성명 : 이세해(李世楷)

· 이소(履素)

[문과] 영조(英祖) 40년(1764) 갑신(甲申) 충량과(忠良科) 병과(丙科) 1위

[인물요약]

자	백안(伯安)
생년	을묘(乙卯) 1735년
합격연령	30세
본관	안동(安東)
거주지	미상(未詳)

[이력사항]

전력	유학(幼學)

[가족사항]

[부]

성명 : 김탄행(金坦行)

[조부]

성명 : 김제겸(金濟謙)

[증조부]

성명 : 김창집(金昌集)

[외조부]

성명 : 한백증(韓百增)

[처부]

성명 : 임시팔(任時八)

· **문순(文淳)**

[문과] 영조(英祖) 43년(1767) 정해(丁亥) 정시(庭試) 갑과(甲科) 1[장원(壯元)]위

[인물요약]

자	재인(在人)
생년	갑자(甲子) 1744년
합격연령	24세
본관	안동(安東)
거주지	미상(未詳)

[이력사항]

전력	유학(幼學)

[가족사항]

[부]

성명 : 김이신(金履信)

[조부]

성명 : 김준행(金峻行)

[증조부]

성명 : 김호겸(金好謙)

[외조부]

성명 : 이■■(李■■)

[처부]

성명 : 이태중(李台重)

· 약행(若行)

[문과] 영조(英祖) 43년(1767) 정해(丁亥) 알성시(謁聖試) 병과(丙科) 6위

[인물요약]

자	자유(子有)
생년	무술(戊戌) 1718년
합격연령	50세
본관	안동(安東)
거주지	미상(未詳)

[이력사항]

전력	유학(幼學)

[가족사항]

[부]

성명 : 김시일(金時逸)

[조부]

성명 : 김성익(金盛益)

[증조부]

성명 : 김수빈(金壽賓)

[외조부]

성명 : 신사언(申思彥)

[처부]

성명 : 황간(黃柬)

· 제행(悌行)

[문과] 영조(英祖) 45년(1769) 기축(己丑) 정시(庭試) 을과(乙科) 1위

[인물요약]

자	유인(幼仁)
생년	갑진(甲辰) 1724년
합격연령	46세
본관	안동(安東)
거주지	미상(未詳)

[이력사항]

전력	유학(幼學)

[가족사항]

[부]

성명 : 김언겸(金彦謙)

[생부]

성명 : 김시간(金時侃)

[조부]

성명 : 김창업(金昌業)

[증조부]

성명 : 김수항(金壽恒)

[외조부]

성명 : 권섭(權燮)

[처부]

성명 : 이덕중(李德重)

· 이정(履正)

[문과] 영조(英祖) 47년(1771) 신묘(辛卯) 정시(庭試) 병과(丙科) 4위

[인물요약]

생년	을묘(乙卯) 1735년
합격연령	37세
본관	안동(安東)
거주지	미상(未詳)

[관련정보]

[진사시] 영조(英祖) 41년(1765) 을유(乙酉) 식년시(式年試) 식년 진사 3등(三等) 44위

[이력사항]

전력	숭릉참봉(崇陵參奉)

[가족사항]

[부]

성명 : 김면행(金勉行)

[조부]

성명 : 김시민(金時敏)

[증조부]

성명 : 김성후(金盛後)

· 이용(履鏞)

[문과] 영조(英祖) 49년(1773) 계사(癸巳) 증광시(增廣試) 병과(丙科) 5위

[인물요약]

자	성희(聖喜)
생년	임자(壬子) 1732년
합격연령	42세
본관	안동(安東)
거주지	미상(未詳)

[이력사항]

전력품계	통덕랑(通德郞)

[가족사항]

[부]

성명 : 김범행(金範行)

[조부]

성명 : 김양겸(金養謙)

[증조부]

성명 : 김창흡(金昌翕)

[외조부]

성명 : 신석화(申錫華)

[처부]

성명 : 임서(任遾)

· **방행(方行)**

[문과] 영조(英祖) 49년(1773) 계사(癸巳) 증광시(增廣試) 병과(丙科) 10위

[인물요약]

자	정보(正甫)
생년	무오(戊午) 1738년
합격연령	36세
본관	안동(安東)
거주지	미상(未詳)

[이력사항]

전력품계	통덕랑(通德郞)

[가족사항]

[부]

성명 : 김시찬(金時粲)

[조부]

성명 : 김성도(金成道)

[증조부]

성명 : 김수민(金壽民)

[외조부]

성명 : 이채조(李采朝)

[처부]

성명 : 심횡(沈鐄)

[처부2]

성명 : 윤심재(尹心宰)

· 이성(履成)

[문과] 영조(英祖) 49년(1773) 계사(癸巳) 증광시(增廣試) 병과(丙科) 45위

[인물요약]

생년	기미(己未) 1739년
합격연령	35세
본관	안동(安東)
거주지	미상(未詳)

[이력사항]

전력	유학(幼學)

[가족사항]

[부]

성명 : 김의행(金毅行)

[조부]

성명 : 김시간(金時侃)

[증조부]

성명 : 김성도(金盛道)

[외조부]

성명 : 이석순(李錫純)

· 응순(應淳)

[문과] 영조(英祖) 29년(1753) 계유(癸酉) 정시(庭試) 병과(丙科) 1위

[인물요약]

자	회원(會元)
생년	무신(戊申) 1728년
합격연령	26세
본관	안동(安東)
거주지	미상(未詳)

[관련정보]

[문과] 영조(英祖) 50년(1774) 갑오(甲午) 등준시(登俊試) 병과(丙科) 4위

[이력사항]

전력품계	통덕랑(通德郎)
관직	이조참판(吏曹參判)
관직	부제학(副提學)
본인문과	영조(英祖) 50년(1774) 갑오(甲午) 등준시(登俊試)

[가족사항]

[부]

성명 : 김리건(金履健)

[조부]

성명 : 김영행(金令行)

[증조부]

성명 : 김시걸(金時傑)

[외조부]

성명 : 조태과(趙泰果)

[처부]

성명 : 심선(沈鏇)

· 이후(履厚)

[문과] 영조(英祖) 50년(1774) 갑오(甲午) 증광시(增廣試) 병과(丙科) 32위

[인물요약]

생년	을사(乙巳) 1725년
합격연령	50세
본관	안동(安東)
거주지	경(京)

[이력사항]

전력	유학(幼學)

[가족사항]

[부]

성명 : 김태행(金泰行)

[조부]

성명 : 김시화(金時和)

[증조부]

성명 : 김성주(金盛宙)

[외조부]

성명 : 박유(朴瑠)

· 이익(履翼)

[문과] 정조(正祖) 9년(1785) 을사(乙巳) 알성시(謁聖試) 갑과(甲科) 1[장원(壯元)]위

[인물요약]

자	보숙(保叔)
생년	계해(癸亥) 1743년
합격연령	43세
본관	안동(安東)
거주지	경(京)

[관련정보]

[진사시] 정조(正祖) 1년(1777) 정유(丁酉) 증광시(增廣試) 증광진사 3등(三等) 6위

[이력사항]

전력	진사(進士)

[가족사항]

[부]

성명 : 김유행(金由行)

[조부]

성명 : 김우겸(金祐謙)

[증조부]

성명 : 김창업(金昌業)

[외조부]

성명 : 이덕영(李德英)

[처부]

성명 : 조영엽(趙榮燁)

· 낙순(洛淳)

[문과] 정조(正祖) 9년(1785) 을사(乙巳) 정시(庭試) 을과(乙科) 2위

[인물요약]

개명	김조순(金祖淳)
자	사원(士原)
생년	을유(乙酉) 1765년
합격연령	21세
본관	안동(安東)
거주지	경(京)

[이력사항]

전력품계	승의랑(承議郎)

[가족사항]

[부]

성명 : 김리중(金履中)

[조부]

성명 : 김달행(金達行)

[증조부]

성명 : 김제겸(金濟謙)

[외조부]

성명 : 신사적(申思迪)

· 희순(羲淳)

[문과] 정조(正祖) 13년(1789) 기유(己酉) 식년시(式年試) 갑과(甲科) 3위

[인물요약]

생년	정축(丁丑) 1757년
합격연령	33세
본관	안동(安東)
거주지	경(京)

[관련정보]

[생원시] 정조(正祖) 7년(1783) 계묘(癸卯) 식년시(式年試) 식년 생원 3등(三等) 35위

[이력사항]

전력	생원(生員)

[가족사항]

[부]

성명 : 김리인(金履仁)

[조부]

성명 : 김교행(金敎行)

[증조부]

성명 : 김시발(金時發)

[외조부]

성명 : 이극현(李克顯)

· **이교(履喬)**

[문과] 정조(正祖) 13년(1789) 기유(己酉) 식년시(式年試) 병과(丙科) 8위

[인물요약]

생년	갑신(甲申) 1764년
합격연령	26세
본관	안동(安東)
거주지	경(京)

[이력사항]

전력	유학(幼學)

[가족사항]

[부]

성명 : 김방행(金方行)

[조부]

성명 : 김시찬(金時粲)

[증조부]

성명 : 김성도(金盛道)

[외조부]

성명 : 심광(沈鑛)

[처부]

성명 : 어석정(魚錫定)

· **이재(履載)**

[문과] 정조(正祖) 14년(1790) 경술(庚戌) 증광시(增廣試) 병과(丙科) 6위

[인물요약]

자	공후(公厚)
생년	정해(丁亥) 1767년
합격연령	24세
본관	안동(安東)
거주지	경(京)

[관련정보]

[진사시] 정조(正祖) 13년(1789) 기유(己酉) 식년시(式年試) 식년 진사 3등(三等) 15위

[이력사항]

전력	진사(進士)

[가족사항]

[부]

성명 : 김방행(金方行)

[조부]

성명 : 김시찬(金時粲)

[증조부]

성명 : 김성도(金盛道)

[외조부]

성명 : 심황(沈鐄)

[처부]

성명 : 유한경후(兪漢絅後)

· **달순(達淳)**

[문과] 정조(正祖) 14년(1790) 경술(庚戌) 증광시(增廣試) 병과(丙科) 28위

[인물요약]

자	도이(道以)
생년	경진(庚辰) 1760년
합격연령	31세
본관	안동(安東)
거주지	경(京)

[관련정보]

[진사시] 정조(正祖) 13년(1789) 기유(己酉) 식년시(式年試) 식년 진사 3등(三等) 31위

[이력사항]

전력	참봉(參奉)

[가족사항]

[부]

성명 : 김이현(金履鉉)

[조부]

성명 : 김범행(金範行)

[증조부]

성명 : 김양겸(金養謙)

[외조부]

성명 : 송재화(宋載和)

[처부]

성명 : 박사호(朴師虎)

[처부2]

성명 : 구현겸(具顯謙)

· **근순(近淳)**

[문과] 정조(正祖) 18년(1794) 갑인(甲寅) 알성시(謁聖試) 갑과(甲科) 1[장원(壯元)]위

[인물요약]

자	여인(汝仁)
생년	임진(壬辰) 1772년
합격연령	23세
본관	안동(安東)
거주지	경(京)

[이력사항]

전력	유학(幼學)

[가족사항]

[부]

성명 : 김이계(金履銈)

[조부]

성명 : 김범행(金範行)

[증조부]

성명 : 김양겸(金養謙)

[외조부]

성명 : 이평(李枰)

[처부]

성명 : 송달연(宋達淵)

· **이양(履陽)** (정조(正祖) 19년 · 정시(庭試) · 을과(乙科))

· 매순(邁淳)

[문과] 정조(正祖) 19년(1795) 을묘(乙卯) 정시(庭試) 병과(丙科) 4위

[인물요약]

자	덕수(德叟)
생년	병신(丙申) 1776년
합격연령	20세
본관	안동(安東)
거주지	경(京)

[관련정보]

[이력사항]

전력	유학(幼學)

[가족사항]

[부]

성명 : 김이수(金履鏽)

[조부]

성명 : 김범행(金範行)

[증조부]

성명 : 김양겸(金養謙)

[외조부]

성명 : 안종주(安宗周)

[처부]

성명 : 조덕윤(趙德潤)

· 이도(履度)

[문과] 정조(正祖) 24년(1800) 경신(庚申) 별시(別試) 병과(丙科) 21위

[인물요약]

자	계근(季謹)
생년	경오(庚午) 1750년
합격연령	51세

본관	안동(安東)
거주지	경(京)

[이력사항]

전력	전령(前令)

[가족사항]

[부]

성명 : 김탄행(金坦行)

[조부]

성명 : 김제겸(金濟謙)

[증조부]

성명 : 김창집(金昌集)

[외조부]

성명 : 한백증(韓百增)

· **명순(明淳)**

[문과] 순조(純祖) 1년(1801) 신유(辛酉) 증광시(增廣試) 갑과(甲科) 2위

[인물요약]

자	대숙(大叔)
생년	기묘(己卯) 1759년
합격연령	43세
본관	안동(安東)
거주지	경(京)

[관련정보]

[진사시] 정조(正祖) 4년(1780) 경자(庚子) 식년시(式年試) 식년진사 3등(三等) 16위

[이력사항]

전력	현감(縣監)

[가족사항]

[부]

성명 : 김이경(金履慶)

[생부]

성명 : 김이기(金履基)

[조부]

성명 : 김달행(金達行)

[증조부]

성명 : 김제겸(金濟謙)

[외조부]

성명 : 박성순(朴聖淳)

[처부]

성명 : 신광온(申光蘊)

· **저근(著根)** (순조(純祖) 2년 · 정시(庭試) · 병과(丙科))

· **이수(履秀)**

[문과] 순조(純祖) 3년(1803) 계해(癸亥) 알성시(謁聖試) 을과(乙科) 1위

[인물요약]

자	경능(景能)
생년	신사(辛巳) 1761년
합격연령	43세
본관	안동(安東)
거주지	경(京)

[관련정보]

[무과] 정조(正祖) 8년(1784) 갑진(甲辰) 정시(庭試) 병과(丙科) 975위

[이력사항]

전력	유학(幼學)

[가족사항]

[부]

성명 : 김직행(金直行)

[조부]

성명 : 김시일(金時逸)

[증조부]

성명 : 김성익(金盛益)

[외조부]

성명 : 민백당(閔百當)

[처부]

성명 : 송상열(宋尚烈)

· **우순(愚淳)**

[문과] 순조(純祖) 3년(1803) 계해(癸亥) 증광시(增廣試) 병과(丙科) 3위

[인물요약]

자	오여(吾與)
생년	경진(庚辰) 1760년
합격연령	44세
본관	안동(安東)
거주지	경(京)

[관련정보]

[생원시] 정조(正祖) 14년(1790) 경술(庚戌) 증광시(增廣試) 증광생원 3등(三等) 21위

[이력사항]

전력	교관(敎官)

[가족사항]

[부]

성명 : 김리명(金履命)

[생부]

성명 : 김리노(金履魯)

[조부]

성명 : 김연행(金淵行)

[증조부]

성명 : 김시길(金時吉)

성명 : 이상목(李商穆)

[외조부]

· **교근(敎根)**

[문과] 순조(純祖) 5년(1805) 을축(乙丑) 증광시(增廣試) 병과(丙科) 3위

[인물요약]

자	맹여(孟汝)
생년	병술(丙戌) 1766년
합격연령	40세
본관	안동(安東)
거주지	경(京)

[관련정보]

[생원시] 정조(正祖) 19년(1795) 을묘(乙卯) 식년시(式年試) 식년 생원 2등(二等) 2위

[이력사항]

전력	도사(都事)

[가족사항]

[부]

성명 : 김태순(金泰淳)

[생부]

성명 : 김호순(金顥淳)

[조부]

성명 : 김이장(金履長)

[증조부]

성명 : 김성행(金省行)

[외조부]

성명 : 정운섭(鄭運燮)

[처부]

성명 : 오재선(吳載選)

· **학순(學淳)**

[문과] 순조(純祖) 5년(1805) 을축(乙丑) 증광시(增廣試) 병과(丙科) 28위

[인물요약]

자	이습(而習)
생년	정해(丁亥) 1767년
합격연령	39세
본관	안동(安東)
거주지	경(京)

[관련정보]

[진사시] 정조(正祖) 22년(1798) 무오(戊午) 식년시(式年試) 식년 진사 3등(三等) 70위

[이력사항]

전력	진사(進士)

[가족사항]

[부]

성명 : 김이석(金履錫)

[조부]

성명 : 김간행(金簡行)

[증조부]

성명 : 김후겸(金厚謙)

[외조부]

성명 : 홍주영(洪疇泳)

[처부]

성명 : 이용모(李龍模)

· **양순(陽淳)**

[문과] 순조(純祖) 9년(1809) 기사(己巳) 증광시(增廣試) 병과(丙科) 27위

[인물요약]

자	원회(元會)
생년	병신(丙申) 1776년
합격연령	34세
본관	안동(安東)
거주지	경(京)

[관련정보]

[진사시] 순조(純祖) 3년(1803) 계해(癸亥) 증광시(增廣試) 증광 진사 3등(三等) 25위

[이력사항]

전력	진사(進士)

[가족사항]

[부]

성명 : 김이예(金履禮)

[생부]

성명 : 김이인(金履仁)

[조부]

성명 : 김교행(金敎行)

[증조부]

성명 : 김시발(金時發)

[외조부]

성명 : 송정흠(宋鼎欽)

[처부]

성명 : 윤광후(尹光厚)

· **유근(逌根)**

[문과] 순조(純祖) 10년(1810) 경오(庚午) 식년시(式年試) 을과(乙科) 4위

[인물요약]

자	경선(景先)
생년	을사(乙巳) 1785년

합격연령	26세
본관	안동(安東)
거주지	경(京)

[관련정보]

[진사시] 순조(純祖) 5년(1805) 을축(乙丑) 증광시(增廣試) 증광진사 3등(三等) 16위

[이력사항]

전력	부사과(副司果)

[가족사항]

[부]

성명 : 김용순(金龍淳)

[생부]

성명 : 김조순(金祖淳)

[조부]

성명 : 김이기(金履基)

[증조부]

성명 : 김달행(金達行)

[외조부]

성명 : 홍배호(洪配浩)

[처부]

성명 : 오서상(吳敍常)

· 난순(蘭淳)

[문과] 순조(純祖) 13년(1813) 계유(癸酉) 증광시(增廣試) 갑과(甲科) 1[장원(壯元)]위

[인물요약]

자	사의(士猗)
생년	신축(辛丑) 1781년
합격연령	33세
본관	안동(安東)
거주지	경(京)

[관련정보]

[진사시] 순조(純祖) 4년(1804) 갑자(甲子) 식년시(式年試) 식년 진사 3등(三等) 41위

[음관] 음보(蔭譜)

[이력사항]

전력	진사(進士)

[가족사항]

[부]

성명 : 김리유(金履裕)

[조부]

성명 : 김원행(金垣行)

[증조부]

성명 : 김제겸(金濟謙)

[외조부]

성명 : 유광석(柳光錫)

[처부]

성명 : 이장운(李章雲)

· **병구(炳球)**

[문과] 순조(純祖) 13년(1813) 계유(癸酉) 증광시(增廣試) 병과(丙科) 21위

[인물요약]

자	기옥(夔玉)
생년	임인(壬寅) 1782년
합격연령	32세
본관	안동(安東)
거주지	경(京)

[관련정보]

[생원시] 순조(純祖) 3년(1803) 계해(癸亥) 증광시(增廣試) 증광 생원 2등(二等) 24위

[이력사항]

전력	참봉(參奉)

[가족사항]

[부]

성명 : 김석근(金錫根)

[생부]

성명 : 김만근(金晩根)

[조부]

성명 : 김응순(金應淳)

[증조부]

성명 : 김리건(金履健)

[외조부]

성명 : 유언용(兪彦容)

[처부]

성명 : 박종보(朴宗輔)

· **영진(永鎭)**

[문과] 순조(純祖) 14년(1814) 갑술(甲戌) 식년시(式年試) 병과(丙科) 4위

[인물요약]

생년	계묘(癸卯) 1783년
합격연령	32세
본관	안동(安東)
거주지	창녕(昌寧)

[관련정보]

[음관] 음보(蔭譜)

[이력사항]

전력	유학(幼學)

[가족사항]

[부]

성명 : 김하균(金夏均)

[조부]

성명 : 김병해(金炳海)

[증조부]

성명 : 김시근(金時根)

[외조부]

성명 : 표봉익(表鳳翊)

· 우근(羽根)

[문과] 순조(純祖) 17년(1817) 정축(丁丑) 정시(庭試) 을과(乙科) 2위

[인물요약]

자	백인(伯仁)
생년	임인(壬寅) 1782년
합격연령	36세
본관	안동(安東)
거주지	목천(木川)

[이력사항]

전력	유학(幼學)

[가족사항]

[부]

성명 : 김종순(金鍾淳)

[조부]

성명 : 김리도(金履道)

[증조부]

성명 : 김양행(金養行)

[외조부]

성명 : 이도중(李道重)

· 정균(鼎均)

[문과] 순조(純祖) 20년(1820) 경진(庚辰) 정시(庭試) 갑과(甲科) 1[장원(壯元)]위

[인물요약]

자	태수(台叟)
생년	임인(壬寅) 1782년
합격연령	39세
본관	안동(安東)
거주지	경(京)

[관련정보]

[진사시] 순조(純祖) 13년(1813) 계유(癸酉) 증광시(增廣試) 증광 진사 2등(二等) 1위

[이력사항]

전력	진사(進士)

[가족사항]

[부]

성명 : 김병익(金炳翼)

[조부]

성명 : 김세랑(金世根)

[증조부]

성명 : 김도순(金道淳)

[외조부]

성명 : 윤석렬(尹錫烈)

[처부]

성명 : 이노술(李魯述)

· **병조(炳朝)**

[문과] 순조(純祖) 20년(1820) 경진(庚辰) 정시(庭試) 병과(丙科) 4위

[인물요약]

자	회경(晦卿)
생년	계축(癸丑) 1793년
합격연령	28세
본관	안동(安東)
거주지	경(京)

[관련정보]

[진사시] 순조(純祖) 9년(1809) 기사(己巳) 증광시(增廣試) 증광 진사 2등(二等) 13위

[이력사항]

전력	진사(進士)

[가족사항]

[부]

성명 : 김교근(金敎根)

[조부]

성명 : 김태순(金泰淳)

[증조부]

성명 : 김리장(金履長)

[외조부]

성명 : 오재선(吳載選)

[처부]

성명 : 심상조(沈尙祖)

· 영순(英淳)

[문과] 순조(純祖) 25년(1825) 을유(乙酉) 식년시(式年試) 병과(丙科) 13위

[인물요약]

자	군실(君實)
생년	무오(戊午) 1798년
합격연령	28세
본관	안동(安東)
거주지	경(京)

[이력사항]

전력	유학(幼學)

[가족사항]

[부]

성명 : 김리교(金履喬)

[조부]

성명 : 김방행(金方行)

[증조부]

성명 : 김시찬(金時粲)

[외조부]

성명 : 어석정(魚錫定)

[처부]

성명 : 이존(李存)

· 영슌(英淳)

[문과] 순조(純祖) 25년(1825) 을유(乙酉) 식년시(式年試) 병과(丙科) 13위

[인물요약]

자	군실(君實)
생년	무오(戊午) 1798년
합격연령	28세
본관	안동(安東)
거주지	경(京)

[이력사항]

전력	유학(幼學)

[가족사항]

[부]

성명 : 김리교(金履喬)

[조부]

성명 : 김방행(金方行)

[증조부]

성명 : 김시찬(金時粲)

[외조부]

성명 : 어석정(魚錫定)

[처부]

성명 : 이존(李存)

· **양근(穰根)**

[문과] 순조(純祖) 25년(1825) 을유(乙酉) 식년시(式年試) 병과(丙科) 20위

[인물요약]

생년	신유(辛酉) 1741년
합격연령	85세
본관	안동(安東)
거주지	홍천(洪川)

[관련정보]

[음관] 음보(蔭譜)

[이력사항]

전력	유학(幼學)

[가족사항]

[부]

성명 : 김인순(金仁淳)

[조부]

성명 : 김리경(金履經)

[증조부]

성명 : 김겸행(金謙行)

[외조부]

성명 : 박취서(朴就瑞)

· **흥근(興根)**

[문과] 순조(純祖) 25년(1825) 을유(乙酉) 알성시(謁聖試) 병과(丙科) 2위

[인물요약]

자	기경(起卿)
생년	병진(丙辰) 1796년
합격연령	30세
본관	안동(安東)
거주지	경(京)

[관련정보]

[생원시] 순조(純祖) 13년(1813) 계유(癸酉) 증광시(增廣試) 증광생원 3등(三等) 63위

[음관] 음보(蔭譜)

[이력사항]

전력	생원(生員)

[가족사항]

[부]

성명 : 김명순(金明淳)

[조부]

성명 : 김이경(金履慶)

[증조부]

성명 : 김달행(金達行)

[외조부]

성명 : 신광온(申光蘊)

[처부]

성명 : 심능직(沈能直)

· **원근(元根)**

[문과] 순조(純祖) 27년(1827) 정해(丁亥) 정시(庭試) 병과(丙科) 18위

[인물요약]

자	경미(景渼)
생년	병오(丙午) 1786년

합격연령	42세
본관	안동(安東)
거주지	경(京)

[관련정보]

[진사시] 순조(純祖) 9년(1809) 기사(己巳) 증광시(增廣試) 증광 진사 2등(二等) 1위

[이력사항]

전력	수(守)

[가족사항]

[부]

성명 : 김조순(金祖淳)

[조부]

성명 : 김이중(金履中)

[증조부]

성명 : 김달행(金達行)

[외조부]

성명 : 심건지(沈健之)

· **윤근(胤根)**

[문과] 순조(純祖) 27년(1827) 정해(丁亥) 정시(庭試) 병과(丙科) 20위

[인물요약]

자	우약(友若)
생년	을사(乙巳) 1785년
합격연령	43세
본관	안동(安東)
거주지	경(京)

[관련정보]

[진사시] 순조(純祖) 25년(1825) 을유(乙酉) 식년시(式年試) 식년 진사 1등(一等) 4위

[이력사항]

전력	진사(進士)

[가족사항]

[부]

성명 : 김무순(金懋淳)

[조부]

성명 : 김리후(金履厚)

[증조부]

성명 : 김태행(金泰行)

[외조부]

성명 : 홍휘조(洪彙祚)

· **대근(大根)**

[문과] 순조(純祖) 27년(1827) 정해(丁亥) 정시(庭試) 병과(丙科) 23위

[인물요약]

자	일원(一原)
생년	을축(乙丑) 1805년
합격연령	23세
본관	안동(安東)
거주지	경(京)

[관련정보]

[음관] 음보(蔭譜)

[이력사항]

전력	유학(幼學)

[가족사항]

[부]

성명 : 김한순(金漢淳)

[조부]

성명 : 김리양(金履陽)

[증조부]

성명 : 김헌행(金憲行)

[외조부]

성명 : 신의(申懿)

· 석순(錫淳)

[문과] 고종(高宗) 17년(1880) 경진(庚辰) 증광시(增廣試) 병과(丙科) 5위

[인물요약]

자	대여(大汝)
생년	병술(丙戌) 1826년
합격연령	55세
본관	안동(安東)
거주지	경(京)

[관련정보]

[진사시] 철종(哲宗) 3년(1852) 임자(壬子) 식년시(式年試) 식년진사 2등(二等) 25위

[음관] 음보(蔭譜)

[이력사항]

전력	전목사(前牧使)

[가족사항]

[부]

성명 : 김양순(金陽淳)

[생부]

성명 : 김유순(金有淳)

· **병소(炳韶)**

[문과] 순조(純祖) 28년(1828) 무자(戊子) 식년시(式年試) 병과(丙科) 1위

[인물요약]

자	성보(成甫)
생년	갑자(甲子) 1804년
합격연령	25세
본관	안동(安東)
거주지	경(京)

[관련정보]

[진사시] 순조(純祖) 22년(1822) 임오(壬午) 식년시(式年試) 식년 진사 3등(三等) 33위

[이력사항]

전력	진사(進士)

[가족사항]

[부]

성명 : 김시근(金蓍根)

[생부]

성명 : 김교근(金敎根)

[조부]

성명 : 김재순(金在淳)

[증조부]

성명 : 김리진(金履晋)

[외조부]

성명 : 유민양(柳民養)

· **홍근(弘根)**

[문과] 순조(純祖) 29년(1829) 기축(己丑) 정시(庭試) 병과(丙科) 38위

[인물요약]

자	의경(毅卿)
생년	무신(戊申) 1788년
합격연령	42세
본관	안동(安東)
거주지	경(京)

[관련정보]

[진사시] 순조(純祖) 13년(1813) 계유(癸酉) 증광시(增廣試) 증광 진사 3등(三等) 14위

[음관] 음보(蔭譜)

[이력사항]

전력	진사(進士)
관직	좌의정(左議政)

[가족사항]

[부]

성명 : 김명순(金明淳)

[조부]

성명 : 김이경(金履慶)

[증조부]

성명 : 김달행(金達行)

[외조부]

성명 : 신광온(申光蘊)

· **병규(炳圭)**

[문과] 순조(純祖) 31년(1831) 신묘(辛卯) 식년시(式年試) 병과(丙科) 6위

[인물요약]

생년	기사(己巳) 1809년
합격연령	23세
본관	안동(安東)
거주지	경(京)

[관련정보]

[음관] 음보(蔭譜)

[이력사항]

전력	유학(幼學)

[가족사항]

[부]

성명 : 김교근(金喬根)

[조부]

성명 : 김후순(金厚淳)

[증조부]

성명 : 김리적(金履績)

[외조부]

성명 : 이시명(李蓍明)

· **수근(洙根)**

[문과] 순조(純祖) 34년(1834) 갑오(甲午) 식년시(式年試) 을과(乙科) 4위

[인물요약]

자	회부(會夫)
생년	무오(戊午) 1798년
합격연령	37세
본관	안동(安東)
거주지	경(京)

[관련정보]

[진사시] 순조(純祖) 28년(1828) 무자(戊子) 식년시(式年試) 식년 진사 3등(三等) 63위

[음관] 음보(蔭譜)

[이력사항]

전력	교관(敎官)

[가족사항]

[부]

성명 : 김인순(金麟淳)

[조부]

성명 : 김이직(金履直)

[증조부]

성명 : 김원행(金元行)

[외조부]

성명 : 신식(申)

· 응균(應均)

[문과] 순조(純祖) 34년(1834) 갑오(甲午) 식년시(式年試) 을과(乙科) 5위

[인물요약]

자	시만(時萬)
생년	신유(辛酉) 1801년
합격연령	34세
본관	안동(安東)
거주지	경(京)

[관련정보]

[음관] 음보(蔭譜)

[이력사항]

전력	유학(幼學)

[가족사항]

[부]

성명 : 김병성(金炳星)

[조부]

성명 : 김세근(金世根)

[증조부]

성명 : 김도순(金道淳)

[외조부]

성명 : 이태혁(李泰爀)

· **재근(在根)**

[문과] 순조(純祖) 34년(1834) 갑오(甲午) 식년시(式年試) 병과(丙科) 3위

[인물요약]

생년	임인(壬寅) 1782년
합격연령	53세
본관	안동(安東)
거주지	경(京)

[관련정보]

[음관] 음보(蔭譜)

[이력사항]

전력	유학(幼學)

[가족사항]

[부]

성명 : 김계순(金啓淳)

[조부]

성명 : 김이탄(金履坦)

[증조부]

성명 : 김진행(金晋行)

[외조부]

성명 : 이수(李琇)

· 영근(英根)

[문과] 헌종(憲宗) 1년(1835) 을미(乙未) 증광시(增廣試) 병과(丙科) 7위

[인물요약]

자	치화(致華)
생년	을축(乙丑) 1805년
합격연령	31세
본관	안동(安東)
거주지	경(京)

[이력사항]

전력	유학(幼學)

[가족사항]

[부]

성명 : 김면순(金勉淳)

[조부]

성명 : 김이탁(金履鐸)

[증조부]

성명 : 김문행(金文行)

[외조부]

성명 : 이희갑(李羲甲)

· 석순(錫淳)

[문과] 순조(純祖) 27년(1827) 정해(丁亥) 증광시(增廣試) 을과(乙科) 5위

[문과] 헌종(憲宗) 2년(1836) 병신(丙申) 중시(重試) 갑과(甲科) 1[장원(壯元)]위

[인물요약]

생년	정미(丁未) 1787년
합격연령	41세
본관	안동(安東)
거주지	경(京)

[관련정보]

[문과] 헌종(憲宗) 2년(1836) 병신(丙申) 중시(重試) 갑과(甲科) 1[장원(壯元)]위

[이력사항]

전력	유학(幼學)
본인문과	헌종(憲宗) 2년(1836) 병신(丙申) 중시(重試)

[가족사항]

[부]

성명 : 김리평(金履平)

[생부]

성명 : 김이초(金履初)

[조부]

성명 : 김순행(金順行)

[증조부]

성명 : 김시철(金時哲)

[외조부]

성명 : 이집배(李集培)

(중략)

상신록(相臣錄)

• 인조조(仁祖朝)

우의정(右議政) 김상용(金尚容) · 김상헌(金尚憲) · 좌의정(左議政) 김수항(金壽恒)

• 현종조(顯宗朝)

김수흥(金壽興) 영의정(領議政) 김창집(金昌集) 영의정(領議政)

• 숙종조(肅宗朝)

영의정(領議政) 김이소(金履素)

• 정조조(正祖朝)

좌의정(左議政) 김달순(金達淳)

• **순조조(純祖朝)**

우의정(右議政) 김이교(金履喬) 우의정(右議政) 김홍근(金弘根)

• **철종조(哲宗朝)**

영의정(領議政) 김병근(金炳根) 영의정(領議政) 김좌근(金左根) · 영의 정(領議政) 김병학(金炳學)

• **고종조(高宗朝)**

영의정(領議政) 김병국(金炳國) 영의정(領議政) 김병덕(金炳德) 좌의정(左議政) 김병시(金炳始) 영의정(領議政))

문형록(文衡錄)

• **중종조(中宗朝)**

김창흡(金昌翕) 김무(金)

• **선조조(宣祖朝)**

김상용(金尚容) 김상헌(金尚憲)

• **인조조(仁祖朝)**

김광현(金光炫)

• **현종조(顯宗朝)**

김수항(金壽恒) 김수여(金壽與) 김수증(金壽增) 김덕룡(金德龍)

• **숙종조(肅宗朝)**

김창집(金昌集) 김창협(金昌協) 김득신(金得臣)

• **경종조(景宗朝)**

김창흡(金昌翕)

• 영조조(英祖朝)

김이소(金履素)

• 순조조(純祖朝)

김조순(金祖淳) 김달순(金達淳) 김이교(金履喬) 김흥근(金興根)

• 철종조(哲宗朝)

김병학(金炳學)

호당록(湖堂錄)

• 효종조(孝宗朝)

김수항(金壽恒)

• 숙종조(肅宗朝)

김제겸(金濟謙)

경연록(經筵錄)

• 숙종조 · 진선(進善)

김창흡(金昌翕)

• 영조조 · 찬선(贊善)

김원행(金元行)

• 영조조 · 이참(吏參)

김양행(金亮行)

• 정조조 · 찬선(贊善)

김이안(金履安)

청백리록(淸白吏錄)

• 중종조(中宗朝)

김연수(金延壽)

• 선조조(宣祖朝)

김상와(金商窩) 김수헌(金壽獻) · 김광욱(金光煜)

• 인조조(仁祖朝)

김상용(金尙容) 김상헌(金尙憲) · 김광현(金光炫)

• 효종조(孝宗朝)

김수항(金壽恒)

• 경종조(景宗朝)

김창흡(金昌翕) · 김두남(金斗南, 헌납(獻納)

• 영조조(英祖朝)

김창업(金昌業) · 김제겸(金濟謙) · 김이교(金履喬) · 김양행(金良行)

• 순조조(純祖朝)

김흥근(金興根)

절의록(節義錄)

김시태(金時泰)-경종조(景宗朝) 신임사화(申壬士禍) 김복한(金福漢)-한말구국운동(韓末救國運動) 및 순절제인(殉節諸人) 김석진(金奭鎭) · 김덕진(金德鎭) · 김좌진(金佐鎭) · 김종진(金宗鎭)-한말구국운동(韓末救國運動) 순절제인(殉節諸人)

장신록(將臣錄)

• 현종조(顯宗朝)

김수흥(金壽興) · 총융사(摠戎使)

• 순조조(純祖朝)

김조순(金祖淳) · 금위대장(禁衛大將)) 김유근(金逌根) · 어영대장(御營大將)

• 헌종조(憲宗朝)

김조근(金祖根) · 금위대장(禁衛大將)

• 철종조(哲宗朝)

김좌근(金左根) · 훈련대장(訓鍊大將)) 김문근(金汶根) · 금위대장(禁衛大將)) 김병기(金炳冀) · 총융사(摠戎使)) 김병국(金炳國) · 훈련대장(訓鍊大將)

• 고종조(高宗朝)

김병시(金炳始) · 도통사(都統使)

왕비록(王妃錄)

■경릉(景陵) 24대 헌종(憲宗), 정비 효현왕후(孝顯王后) 김씨

경릉은 24대 헌종과 정비 효현왕후, 계비 효정왕후 세분이 나란히 모셔진, 조선왕릉 유일의 3연릉이다.

원래 선조의 목릉이 있던 자리였으나 지금의 목릉으로 옮겨가고 빈자리에 정비 효현왕후가 먼저 들어오고 헌종이 예장되었으며 나중에 효정왕후가 안장되어 유일하게 3연릉이 되었다.

선조의 목릉과 숙종의 명릉도 왕과 정비, 계비를 한 곳에 배치하였지만 다소 떨어진 동원이강의 형식으로 조성한데 비하여 경릉은 3개의 봉분을 한자리에 나란히 하고 난간석으로 연결한 독특한 구조를 갖고 있다.

○낙선재를 지은 헌종

헌종은 순조의 손자이자 후에 익종으로 추존된 효명세자와 신정왕후 조씨의 장남이다.

4세 때인 1830년(순조 30) 5월 6일 아버지 효명세자를 여의고,

그 해 9월 왕세손에 책봉되었으며 1834년 11월 13일 순조가 승하하자 8세의 어린 나이로 할아버지 순조의 뒤를 이어 왕위에 올랐다.

어린 나이였으므로 실제의 정사는 할머니이며 순조비인 안동 김씨 순원왕후가 수렴청정하였으며 헌종비 역시 안동김씨 집안에서 맞아들이는등 그동안에 안동김씨의 세도정치는 극에 달하였으나 15세에는 수렴청정을 거두고 친정을 시작하게 된다. 그러나 이제는 어머니 신정왕후의 영향력을 벗어날 수 없었으니 정국은 안동김씨와 풍양조씨의 대립과 각축으로 어지러웠으며 어머니인 풍양조씨 조대비가 흥선대원군과 연합하여 고종을 등극시킴으로서 안동김씨 세도정치는 막을 내리게 된다.

어린 임금 헌종은 두 명의 왕후와 세 명의 후궁을 두었다. 11살인 1838년(헌종 4)에 간택령을 내려 효현황후를 왕비로 맞이하였으나 1843년 자식 없이 요절하였다. 그 후 계비를 맞아들이기 위한 간택에 참여하였고 최종결정권을 가진 대왕대비에 의하여 효정왕후 홍씨가 결정되었지만 헌종의 마음은 삼간택에서 낙선한 경빈김씨에게 있었다. 계비 효종왕후가 3년동안 후사가 없자 이를 핑계로 헌종은 마음에 두었던 김씨를 불러들여 정1품 빈에 책봉하니 그녀가 경빈김씨이다.

헌종은 경빈 김씨를 위해 창덕궁내에 낙선재(樂善齋)를 지어 자신과 경빈의 사랑채로 사용하고, 같은 창덕궁 내에 석복헌(錫福軒)을 지어 경빈의 처소로 쓰게 하였으며 자신과 경빈의 처소에는 일절 단청을 하지 못하게 하였다.

예술을 사랑한 헌종은 경빈 김씨와 함께 이 별궁에서 고금 명가의 유필을 벗 삼아 지내기를 좋아하였다. 낙선재에 여러 차례 불려들어갔던 조선 후기 서화가 소치 허유(許維)의 기록에는 낙선재는 헌종이 평상시 거처하는 곳이며, 추사 김정희의 글씨로 쓰여진 현판이 가득하다는 등의 묘사가 잘 드러나 있다.

그러나 헌종은 이곳에서 예술과 사랑을 누리는 생활을 2년도 채 하지 못하고 1849년(헌종 15) 6월 6일 23세의 어린 나이로 후사없이 생을 마감하게 되었다.

○삼연릉으로 조성

경릉(景陵) 제일 좌측 능침이 헌종의 것이고, 가운데가 효현왕후 능침이며, 우측이 계비 효정왕후 능침이다.

(바라보는 방향 기준. 예법으로는 능에서 보는 방향으로 우측이 헌종릉임.)

이 자리는 원래 선조의 목릉이 있던 자리이나 수기가 차고 불길하다는 상소에 따라 천장하기로 하고 파고보니 깨끗했다.

그렇게 목릉이 천장해 나간 빈자리에 1843년(헌종 9) 춘추 16세로 승하한 효현왕후 김씨의 능을 이 자리에 조성하였다.

6년 후 헌종이 23세로 승하하자 효현왕후 김씨의 경릉 서쪽에다 모셨으며 1904년에는 춘추 73세로 승하한 헌종 계비 효정왕후 홍씨를 경릉의 동쪽에 모셨다. 이리하여 조선 왕릉 중 유일하게 세 개의 봉분을 가진 왕릉이 완성되었다.

모두 병풍석은 없고 난간석으로 세 능침이 이어져 있으며, 각 능침 앞에 혼유석을 따로 놓았다.

봉분 아래 상계, 중계, 하계의 구분이 없어지고 문석인, 무석인이 한 단에 세워져 있다. 문무석인의 얼굴은 입체적이라기보다 가는 선으로 조각하여 평면적이지만 눈꺼풀과 눈동자 등은 섬세하게 표현하였다.

동구릉에서 유난히 총탄자국이 많은 곳이다. 특히 릉의 왼쪽에서 집중사격을 했는지 왼쪽 문석인, 무석인의 등과 혼유석의 왼쪽 부분등에 과도한 피란흔적이 보인다.

■ 예릉(睿陵) 25대 철종, 철인왕후(哲仁王后) 김씨

25대 철종과 정비 철인왕후의 쌍릉으로 조선왕릉 상설제도에 따라 조성된 마지막 릉이다. 이후 고종과 순종은 황제의 릉으로 조성되었기에 예릉을 마지막 왕릉이라 하는 것이다.

예릉이 들어서면서 희릉, 효릉에 이어 서삼릉이 되었다.

철종은 재위 14년, 1863년 33세의 나이로 승하하였고, 흥선대원군에 의해 정치적인 이유로 웅장하게 조성되었다.

1878년 철인왕후가 42세의 나이로 승하하면서 함께 안장되었다.

○강화도령

24대 헌종이 후사 없이 승하하자 강화도에서 농사짓던 철종이 유일한 승계대상자가 된다.

철종은 정조의 이복동생 은언군의 손자로 사도세자의 증손자이다.

철종의 할아버지 은언군은 상인들에게 빚이 많다는 이유로 할아

버지 영조에 의해 제주도로 귀양을 갔었고, 역모 사건에 휘말려 강화도로 유배를 갔다. 그의 아내와 며느리가 천주교 신자였던 관계로 신유박해 때 사사되었으며 철종의 형도 역모에 휘말려 처형되고 남은 가족들이 모두 강화도로 가 몰락한 왕족으로 농사를 짓게 되는데 그때 철종의 나이 14세였다.

이렇게 강화도에서 19세까지 농사를 짓던 철종은 24대 헌종이 후사 없이 승하하자 순조의 비 순원왕후 김씨에 의해 왕위에 오르게 되었기 때문에 '강화도령'으로 부른다.

아무런 교육도 받지 못하고 농사만 짓다가 갑자기 왕통을 이어받은 철종은 순원왕후의 수렴청정을 받으며 조정을 다스리게 되지만 안동 김씨 세도의 농간과 삼정(三政 : 전정, 군정, 환곡)의 문란이 극에 달해 백성들의 생활은 도탄에 빠지게 되었으며, 천주교의 확장과 함께 동학마저 일어나고 각종 민란이 연속되니 임금의 권리를 제대로 행사하지 못한 채 33세의 나이로 14년 재위를 마감하고 승하 한다. 가족도 불운해 아들 넷 모두 일찍 죽었고 고명딸 영혜옹주도 박영효에게 시집간 지 세 달 후에 죽고 말았다.

○마지막 왕릉

예릉은 마지막 왕릉이다. 이후 고종과 순종은 황제릉으로 그 법식이 많이 달라졌다.

고종은 예릉의 석물과 부속 건축물들을 웅장한 규모로 하여 오랜 세도정치를 타파하고 왕권을 강화하고자 하였으며 1908년(융희 2) 7월 30일 철종장황제와 철인장황후로 추존하였다.

봉분은 병풍석을 세우지 않고 난간석을 둘러 쌍릉을 연결하였으며 난간석의 석주에는 음각 세로선과 원문을 새기고 원문 안에 방위를 나타내는 문자인 십이간지를 새겨 넣었다.

영조의 원릉부터 중계, 하계를 구분 않고 문무석인을 같은 단에 배치하였는데 무석인은 갑옷으로 층이 나 있고 문석인은 효릉에서 약간 보이기 시작하던 소매 주름의 반전이 역력히 보이고 있다. 홀은 턱 아래에 붙여서 큰 머리를 받치고 있는 듯하다.

특히 예릉은 하계 앞 강(岡)이 길며 장명등을 중계가 아닌 하계의 끝에 배치한 조선시대 유일한 릉이다. 장명등은 다리가 길어졌으며 지붕 위에는 둥근 파문이 몇 겹 겹쳐 있고 가운데에는 원형틀 안에 꽃문양을 새기고 있어 전체적인 느낌이 이국적이다. 참도 역시 2단에서 3단으로 변화를 보이고 있는데 이후 홍유릉이 3단이 된다.

고양시 덕양구 원당동 서삼릉 내에 있는 철종 이변(1831~1863)과 철인왕후 김씨(1837~1878)의 예릉이다. 부친은 전계대원군 이광, 조부는 은언군 이인, 증조부는 정조의 부친인 장조(사도세자) 이선이다. 철종은 조선조 21대 임금이었던 영조의 현손이고, 헌종이 후사없이 승하하자 영안부원군 김조순의 딸인 순조비 순원왕후 김씨에 의해 5촌 당숙이던 순조의 양자로 입적해 보위를 이었다. 그에 앞서 보위에 있었던 헌종은 순조의 손자이자 효명세자의 아들이었으므로 그에게는 7촌 조카였다. 어머니는 용담염씨 용성부대부인이며, 철종이 보위에 오르기 전에 죽은 회평군 이명과 영평군 이경응은 그의 이복형들이다. 부인은 안동김씨 영은부원군 김문근의 딸인 철인왕후이고, 그는 부인과의 사이에서 아들 하나를 두었으나 요절하였다. 후궁들에게서도 자식을 많이 두었지만 모두 요절하였고 장성한 자식마저도 14세에 죽은 숙의범씨 소생의 영혜옹주뿐이다. 개화파로 널리 알려진 금릉위 박영효가 그의 하나 밖에 없는 사위이다. 일반적으로 임금이 승하하면 다음 항렬의 아들이나 조카가 왕위를 계승하고 그것이 여의치 않을 경우 같은 항렬의 형제가 왕위를 계승한다. 철종은 헌종의 뒤를 이어 왕위를 계승하였지만 헌종보다 윗 항렬의 인물이었고 이처럼 윗 항렬의 인물이 왕위를 계승한 것은 조선조에서는 조카 단종의 보위를 빼앗아 임금이 되었던 수양대군(세조)과 철종뿐이다.

우리가 흔히 강화도령이라고 부르는 철종은 왕실의 후손이었지만 그다지 평온하고 부유하게 어린 시절을 보내지 못했다. 조부 은언군은 조정의 탄핵을 받고 여러차례 귀양을 다녔고, 백부인 상계군은 의문의 독살을 당했으며 상계군의 처는 서학쟁이로 몰려 사사되었다. 조부와 조모 역시 같은 이유로 사사되었고, 큰형 회평군 이명도 역모로 몰려 사사되었다. 그로인해 부친도 강화도로 귀양을 가게 되었고 철종 역시 거기서 가난한 빈농의 아들로 힘든 나날을 보냈다. 당시 종친들은 세도정치를 일삼던 인물에 의해 역모로 몰려 사사되는 경우가 많았는데, 헌종이 승하할 무렵 영조의 후손으로 살아 있었던 인물을 헌종과 그의 7촌 숙부였던 철종 밖에 없었다. 결국 헌종이 후사없이 승하하자 어쩔수 없이 보위가 철종에게로 넘어 왔던 것이다.

그의 나이 19세가 되던 1849년 헌종이 승하하자 왕실로부터 그 어떤 작위도 받지 못했던 그는 궁궐로 불려 들어와 덕완군에 봉해지고 이튿날 보위에 올랐다. 성년의 나이가 다 되었지만 학문을 모르고 농사만 지었기에 처음에는 대왕대비(김조순의 딸)가 수렴청정을 하였다. 결국 안동김씨 일문의 세도가 지속되는 상황이 되어버린 것이다. 3년 후 22세가 되던 해에 친정을 시작하였지만 처가인 안동김씨로부터 자유로울 수 없었고 그 어떤 자신의 세력도 없었던 그는 세도정치의 꼭두각시 노릇을 할 수 밖에 없었다. 그의 치세기간 세도정치로 인해 백성들은 더욱 생활고에 찌들었으며 곳곳에서 민란이 발생하였고 나라를 어지럽히고 백성들을 속인다는 죄로 동학의 교주 최제우를 처형하기도 했다. 그는 민란을 수습하기 위한 정책을 시행하고자 하였으나 당시 정치를 좌지우지하던 세도가들에게 막혀 제대로 뜻을 펴보지 못한 채로 재위 14년만인 33세의 나이로 생을 마감하였다. 그의 시호는 문현무성헌인영효(文顯武成獻仁英孝)이다. 구한말 급변하던 세계 정세 속에서 변화의 바람이 불어도 모자랄 시기에 여전히 썩은 세도정치가 판을 쳤고, 철종의 재위 기간 조선은 깊은 수렁으로 빠져들게 되었다. 그는 농사짓다 엉겁결에 보위에 올라 자신은 호위호식하면서 지냈을지 모르나 임금으로 나라를 바로 세우지는 못한 인물이었다.

철종과 철인왕후 김씨는 서삼릉내의 예릉에 잠들어 있다. 살아생전 강력한 권력을 행세하지는 못했으나 그의 능은 조선 왕릉 중 가장 화려하고 웅장하게 조성되어 있다. 그것은 그의 뒤를 이어 보위에 오른 고종의 부친 흥선대원군이 왕실의 권위를 세우기 위해 의도적으로 화려하게 조성하였기 때문이다. 봉분은 철인왕후와 쌍분으로 되어 있으며 상석, 장명등, 석양, 망주석, 문인석, 장군석 등의 석물들이 모두 갖추어져 있다. 석물들의 크기 또한 일반 사대부들의 묘소와는 비교가 안될 정도로 크게 만들어져 있다. 묘역 입구에는 홍살문이 서 있고, 능 아래쪽엔 침전과 비각이 세워져 있으며 비각안에는 능표(陵表)가 있다. 능표는 대한제국이 선포된 이후인 隆熙二年(1908년)에 만들어졌고, 전면에는 大韓 哲宗章皇帝睿陵 哲仁章荒后부左 라고 되어 있어 고종이 대한 제국을 선포하여 황제국이 되면서 철종 역시 황제로 추증된 것을 알 수 있다.

■ 헌릉(獻陵) 23대 순조(純祖), 순원왕후(純元王后) 김씨

23대 순조와 정비 순원왕후 김씨(安東)의 합장릉으로 태종의 헌릉과 함께 헌인릉이라고 부른다.

1834년 순조가 승하하자 파주 장릉(長陵) 서쪽에 안장하고 능호를 인릉이라고 하였으나 22년 후 안동김씨와 각을 세우던 풍양 조씨 세력이 헌릉옆 옛 영릉자리로 천장할 것을 주장하여 옮겨온 것이 지금의 인릉이다.

순원왕후는 훗날 손자 헌종과 철종의 수렴청정을 하다가 1857년 승하하여 인릉에 합장되었다.

순원왕후는 영안부원군(永安府院君) 조순(祖淳)의 딸이다. 1800년(정조 24) 초간택 · 재간택을 거쳐 정조의 뜻이 결정되었다. 정조가 갑자기 죽어 삼간택이 연기되었다가 1802년(순조 2) 10월 왕비로 책봉되었다.

삼간택 문제를 놓고 시 · 벽파(時僻派) 사이에 갈등이 일어나 당시 대왕대비로 수렴청정한 정순왕후(貞純王后)의 오빠 김관주(金觀柱)와 권유(權裕) 들의 방해 움직임이 있었다. 1809년 문조(文祖)를 낳았다. 문조는 1812년 세자로 책봉되었다. 그러나 문조는 왕위에

오르지 못하고 1830년 22세로 죽었다. 아들 헌종이 즉위하고 1834년 익종에 추존되었다.

순원왕후는 1827년 존호 명경(明敬)이 올려졌고 헌종 연간에 왕대비·대왕대비에 진호(進號)되었다. 그 뒤 문인(文仁)·광성(光聖)·융희(隆禧)·정렬(正烈)·선휘(宣徽)·영덕(英德) 등의 존호가 더해졌다.

1849년(헌종 15) 헌종이 후사 없이 죽자 순원왕후는 원상(院相)에 권돈인(權敦仁)을 지명했다. 그리고 영조의 혈맥을 잇기 위해 전계대원군(全溪大院君) 광()의 셋째 아들을 지목해 철종으로 왕통을 잇게 하고 수렴청정하였다. 1851년(철종 2) 자신의 외가인 김문근(金汶根)의 딸을 철종의 왕비로 책봉해, 그 뒤 안동김씨 세도정치의 절정기를 이룩하였다.

1857년 창덕궁에서 죽었다. 자헌(慈獻)·현륜(顯倫)·홍화(洪化)·신운(神運) 등의 존호가 뒤에 추상되었다. 『순원왕후어필봉서(純元王后御筆封書)』가 전한다. 명온(明溫)·복온(福溫)·덕온(德溫)의 세 공주가 있다.

시호는 명경문인광성융희정렬선휘영덕자헌현륜홍화신운순원왕후(明敬文仁光聖隆禧正烈宣徽英德慈獻顯倫洪化神運純元王后)이다. 능호는 인릉(仁陵)으로 서울 서초구 내곡동 산13의 1에 있다.

참고문헌(參考文獻)

『삼국사기』(三國史記)

『삼국유사』(三國遺事)

『고려사』(高麗史)

『고려사절요』(高麗史節要)

『조선왕조실록』(朝鮮王朝實錄)

『고려공신전』(高麗功臣傳)

『국조인물고』(國朝人物考)

『국조방목』(國朝榜目)

『동국여지승람』(東國輿地勝覽)

『고려명신록』(高麗名臣錄)

『독립운동사』(獨立運動史)

『각성씨세보』(各姓氏世譜)

『성씨의고향』(姓氏의故鄕)

『한민족대성보』(韓民族大姓譜)

『한국문화유적총람』(韓國文化遺跡總攬)

『대동방씨족원류사』(大東方氏族源流史)

『한국의전통예절』(韓國의傳統禮)

『한국성씨총감』(韓國姓氏總鑑)

『한국인명대사전』(韓國人名大辭典)

『성씨대보총람』(姓氏大譜總覽)

안동김씨(신)(安東金氏(新)) 이야기

2014 年 10 月 24 日 인쇄
2014 年 9 月 25 日 발행
편 저 : 성씨이야기편찬실
발 행 : 올린피플스토리

출판등록 : 제 25100 - 2007 - 000017 호
주 소 : 서울특별시 강동구 구천면로 18길 23호
홈페이지 : http://www.ollinpeople.co.kr
전 화 : 070) 4110 - 5959
팩 스 : 02) 476 - 8739
정 가 : ₩ 19,800

I S B N : 979-11-5755-018-0